Nora Kircher • Gut leben mit Fructoseintoleranz

Nora Kircher

Gut leben mit Fructoseintoleranz

Ganzheitliche Behandlung, Alternativen, über 120 Rezepte und viele praktische Tipps

Edition GesundheitsSchmiede

MIX
Papier aus verantwortungsvollen Quellen
FSC® C014138
FSC
www.fsc.org

2. Auflage

Vertrieb: Hädecke Verlag GmbH & Co. KG, D-71263 Weil der Stadt

Die Ratschläge in diesem Buch wurden von der Autorin und den Herausgebern sorgfältig geprüft, dennoch kann eine Garantie nicht übernommen werden. Alle Informationen ersetzen in keinem Fall den Rat und die Hilfe eines Arztes oder Therapeuten. Eine Haftung der Autorin bzw. der Herausgeber und ihrer Beauftragten für Personen-, Sach- und Vermögensschäden ist ausgeschlossen.

Ein verlagsneues Buch bekommt man in Deutschland und Österreich überall zum selben Preis. Die kulturelle Vielfalt wird durch die gesetzliche Preisbindung geschützt. Auf dem Land und in der Stadt, im Internet und in jeder Buchhandlung gilt der gebundene Ladenpreis.

Umschlaggestaltung: Antje Jaruschewski, Oldenburg
Titelbild: www.istockphoto.com, Daniel Bendji
Satz: Arnold & Domnick, Verlagsproduktion, Leipzig
Printed in EU 2016

ISBN 978-3-7750-0717-7

Inhaltsverzeichnis

Vorwort

Aus eigener Erfahrung weiß ich, wie es ist, wenn man nach einem langen Leidensweg endlich die Ursachen seiner Beschwerden erkannt hat. Auf diesem Weg wird man oft mitleidig angeschaut und gefragt, ob man schon mal an die Psyche gedacht hat, ob man nicht überfordert sei mit dem Alltag und dergleichen. Ich konnte manchmal ahnen, dass mein Gegenüber gerne auch noch das eine oder andere hinzugefügt hätte. All die Tipps, die ich bekam, halfen nicht, ja, sie gingen mir nur auf die Nerven. Sie haben das vielleicht auch erlebt. Da auch ich zunächst in kein medizinisches Bild passte, wurde ich nicht ernst genommen. Doch mit der Diagnose änderte sich alles. Ich war froh, dass es mir besser ging – sehr froh –, musste mich aber nun mit einer völlig anderen Ernährung auseinandersetzen.

Je mehr ich darüber lernte, desto einfacher und normaler wurde alles für mich. Ich weiß also, wie es Ihnen ergeht und kann Ihnen versichern, dass auch Sie bald wunderbar mit Ihrer neuen, für Sie gesunden Ernährung zurechtkommen werden.

Ihre Chance, bei einer erworbenen Fructoseintoleranz später wieder mehr Obst zu vertragen, ist groß. Das kann Mut machen. Mehr dazu erfahren Sie in diesem Buch.

Da Zucker aus Zuckerrüben gewonnen wird, enthält er ebenfalls Fructose. Das gilt auch für Rohrzucker. Das bedeutet, dass Sie Ihren Konsum an Süßigkeiten ebenfalls erheblich einschränken müssen, ebenso an gezuckerten Speisen. Das wird Ihnen vielleicht zunächst auch schwerfallen. „Zucker macht süchtig", wäre etwas zu hart ausgedrückt, aber den meisten Menschen fällt es in den ersten Tage sehr schwer, darauf zu verzichten. Aber auch das werden Sie schaffen, außerdem gibt es fructosefreien Ersatz, mit dem Sie sich selbst Süßigkeiten herstellen können. Es wird Ihnen mit dem Verzicht auf fructosehaltige Lebensmittel und Getränke sofort besser gehen, und das wird Ihnen helfen, damit zurechtzukommen.

Nora Kircher, Sommer 2014

Über die Fructoseintoleranz

Nach der Diagnose

Aller Anfang ist schwer

Sicher wird die Diagnose einerseits eine Erleichterung für Sie sein, denn Sie wissen jetzt, woher Ihre Beschwerden kommen. Möglicherweise haben Sie es schon geahnt. Vielleicht wird es Ihnen zunächst sehr schwerfallen, auf Obst und einige Gemüsesorten zu verzichten oder sie nur noch in geringen Mengen zu verzehren. Allerdings wird es Ihnen bald gesundheitlich viel besser gehen, was das Einhalten der Diät natürlich erleichtert. Dazu kommt, dass Sie, sofern es sich nicht um einen angeborenen Enzymdefekt handelt, gute Chancen haben, nach einer Zeit der fructosearmen Diät und einer Darmsanierung (Darmflorasanierung) wieder Fructose zu vertragen. Das kann schon nach wenigen Monaten oder nach einem Jahr der Fall sein. Später mehr dazu.
Sie werden bald mit der Diät zurechtkommen, Sie werden viel über Ernährung lernen und zu Ihrer eigenen gesunden Ernährungsweise finden. Das wird in Ihren Alltag übergehen und für Sie ganz normal werden.
Sollten Sie selbst festgestellt haben, dass fructosehaltige Lebensmittel die Ursache für Ihre Beschwerden sind, werden Sie sich fragen, ob Sie das testen lassen sollen. Wenn Sie möchten, können Sie das natürlich machen, es wird nur nichts an der Diät ändern.
Die Arzneien, die es zur Darmsanierung gibt, werden von den gesetzlichen Krankenkassen leider nicht erstattet. Allerdings wird Ihre Darmflora durch eine für Sie gesunde, also fructosearme Diät auch wieder saniert, es dauert nur etwas länger. Wenn Ihnen also die Arzneien zu teuer sind, versuchen Sie es zunächst ohne.
In der heutigen Zeit stößt man glücklicherweise nicht mehr auf Unverständnis, wenn man nicht alles essen kann. Was Sie machen können, wenn Sie eingeladen oder im Urlaub sind, wird in späteren Kapiteln behandelt.

Name und Fakten

Wie die meisten Erkrankungen, hat auch diese mehrere Namen:
- Fruchtzuckerunverträglichkeit
- Fructosemalabsorbtion
- Fructoseintoleranz
- Fructoseunverträglichkeit

Bis in die 1950er Jahre wurde Fruktose mit k geschrieben. Seither ist die korrekte Schreibweise Fructose, also mit dem Buchstaben c.
Hier eine ganz kurze Beschreibung der Fructoseintoleranz, die Sie vielleicht einmal benötigen, um jemanden aufzuklären:

Fruchtzucker wird nicht richtig verdaut und führt deshalb zu Bauchbeschwerden und Durchfällen. Fruchtzucker ist in Obst, Zucker und in geringer Menge auch in vielen Gemüsesorten enthalten und muss reduziert oder gemieden werden.

Es gibt die angeborene sowie die erworbene Fructoseintoleranz. Beide haben zunächst die gleiche Konsequenz – also Diät, allerdings gibt es bei der erworbenen die Chance, dass man Fructose nach einer Ausschlussdiät über einen längeren Zeitraum wieder verträgt.

Gemeinsame Erkrankungen und Verwechslungen

Falls Sie trotz fructosearmer, also fruchtzuckerarmer Diät, keine Besserung Ihrer Beschwerden verspüren, gibt es noch nachfolgende Erkrankungen, die ähnliche Beschwerden machen können oder an denen Sie möglicherweise zusätzlich leiden.
- **Laktoseintoleranz**. Hier wird der Laktose- also Milchzuckergehalt in der Milch nicht vertragen, oftmals auch verursacht durch eine erworbene Darmstörung. Dies kann eine Zöliakie / Sprue oder auch eine Darmflorastörung sein.
- **Allergien** auf bestimmte Lebensmittel, und davon gibt es viele. Auffällig ist, dass es meistens Menschen trifft, die schon mit Heuschnupfen, Tier- oder Hausstaubmilbenallergie zu tun haben. Viele Allergiker haben eine gestörte Darmflora oder gar eine Pilzbesiedlung (Candida) im Dickdarm.
- **Zöliakie** (Diagnose im Kindesalter) oder **Sprue** (Diagnose im Erwachsenenalter) nennt man die genetisch bedingte Störung des Dünndarms. Gluten im Getreide wird nicht vertragen und muss lebenslang streng gemieden werden. Gluten zerstört die Darmzotten im Dünndarm. Fast immer erholt

sich der Dünndarm durch glutenfreie Ernährung. Das Fehlen der Zotten und die daraus resultierenden Probleme können zusätzlich zur meist vorübergehenden Laktose- oder Fructoseintoleranz führen. Die Diagnose sollte durch eine Dünndarmbiopsie gesichert werden.

- **Morbus Crohn** und **Colitis ulcerosa**, zwei Darmentzündungen, die leichte bis sehr heftige Beschwerden machen, aber mit Blut im Stuhlgang verbunden sind. Meistens ist im Venenblut eine Entzündung nachweisbar.
- Eine **Histaminintoleranz** kann vom Beschwerdebild ähnlich, also mit ebenso unterschiedlichen Symptomen verbunden sein. Hierbei sind eine histaminarme Diät und dazu eine Darmflorasanierung hilfreich.
- Die **Sorbitunverträglichkeit** führt immer dann zu Beschwerden, wenn Sorbit – ein Zuckeraustauschstoff – im Spiel ist. Sorbit ist in vielen Light- und in zuckerfreien Produkten enthalten. Für Kinder ist wichtig zu wissen, dass viele Zahnpflegeprodukte Sorbit aufweisen. Zahncreme und -gel wird gerne von Kindern geschluckt, vor allem jene mit Erdbeer- oder ähnlichem Geschmack.
- Bei der **Pyrrolurie**, auch Kryptopyrrolurie genannt, werden Häm-Stoffwechselprodukte über den Harn ausgeschieden, was zu vielen Beschwerden führen kann. Dazu gehören gelegentlich auch Oberbauchbeschwerden und Durchfall. Die Diagnose erfolgt durch eine spezielle Urinuntersuchung und die Therapie ist eine kontrollierte Supplementierung von Zink und aktivem Vitamin B_6.
- Der **Reizdarm** kann allerlei Beschwerden machen, die oft aber nicht mit speziellen Lebensmittelgruppen zu tun haben. Bei einem Reizdarm verbessern sich die Beschwerden nicht durch eine fructosefreie oder -arme Diät. Allerdings wird gelegentlich ein Reizdarm mit einer Fructoseintoleranz verwechselt.
- Der Verzehr von zu viel **Traubenzucker** (Glukose oder auch Dextrose) führt zu Durchfällen.

Gleichzeitige Zöliakie / Sprue oder Laktoseintoleranz

Zöliakie ist eine Erkrankung des Dünndarms, dessen Zotten, die für die Nahrungsaufnahme wichtig sind, durch Gluten, einem Bestandteil des heimischen Getreides, abgebaut werden. Menschen, die sich lange „falsch" – also glutenhaltig – ernähren, erleiden Folgeschäden.
Damit kann häufig eine Laktoseintoleranz einhergehen, die aber mit der glutenfreien Diät meistens wieder verschwindet. Selten kann es auch zu einer vorübergehenden Fructoseintoleranz kommen, aber leider kann sie auch manchmal mit einer Laktoseintoleranz kombiniert sein.

Für die wenigen, die von dieser kombinierten Intoleranz betroffen sind, gelten die folgenden Änderungen zu meinen Tipps und Rezepten:

- Verwenden Sie bei Zöliakie / Sprue keinen Dinkelsirup, denn er ist glutenhaltig. Sie können stattdessen mit Reissirup süßen. Alle Rezepte sind austauschbar.
- Natürlich sind alle Weizenrezepte bei einer glutenfreien Diät verboten. Wenn Sie alternativ eine glutenfreie Fertigmischung verwenden, muss diese zuckerfrei sein. Wenn Sie selbst glutenfreies Mehl herstellen, muss etwa 1 % Verdickungsmittel beigegeben werden. Also beispielsweise etwa 5 g Guarkernmehl auf 500 g Reismehl.
- Bei einer gleichzeitigen Laktoseintoleranz tauschen Sie die Milch gegen einen Reis- oder Sojadrink und Joghurt oder Schlagsahne gegen einen Reisdrink mit etwas Cashewmus. Wer Spuren von Milch verträgt, kann sie gegen laktosefreie tauschen. Schaf- und vor allem Ziegenmilchprodukte werden dagegen häufig vertragen.

Diagnose und Beschwerden

Allgemeines zur Diagnose

Ob angeborene oder erworbene Fructoseintoleranz, der erste Verdacht kommt oft schon durch die Beobachtung nach dem Genuss von Obst oder Fruchtsaft auf.

Hat man einen solchen Verdacht, sollte man ein paar Tage fructosearm leben und dann ganz bewusst Obst essen. Treten danach Beschwerden auf, kann es sich um eine Fructoseintoleranz handeln. Allerdings könnte es auch eine Allergie auf das getestete Obst sein. Das lässt sich aber feststellen, indem man nach einigen Tagen – manchmal reicht auch schon ein Tag – ein anderes Obst ausprobiert.

Natürlich kann man eine medizinische Bestätigung des Verdachts bekommen, indem man einen Fructose-Wasserstoff-Atemtest (H_2-Atemtest) durchführen lässt. Dafür trinkt man eine konzentrierte Fruchtsaftlösung, und dann wird die ausgeatmete Atemluft gemessen. Da unverdaute Fructose im Dickdarm zu Gärungen führt, die Wasserstoff bilden, kann dieser in der Atemluft gemessen werden.

Geatmet wird mit einem Zeitabstand in Teströhrchen, die an ein Labor zur Untersuchung geschickt werden. Diesen Test kann fast jede Praxis durchfüh-

ren, weil dafür keine Geräte notwendig sind. Fast jedes medizinische Labor bietet Tests an und auch die dazugehörigen Röhrchen.
Der Test ist bei größeren Kindern und Erwachsenen leicht durchführbar, kostet nur ein wenig Zeit und – sofern sich der Verdacht bestätigt – verursacht er die Beschwerden, die man eben durch Fructose bekommt. Meistens sind dies Bauchkrämpfe und Durchfall.
In seltenen Fällen und bei dem Verdacht, dass die Fructoseintoleranz angeboren ist, kann auch ein Gentest durchgeführt werden. Hierfür wird nach einem Beratungsgespräch Blut entnommen und entsprechend untersucht. Allerdings ändert das Ergebnis nichts an der Therapie, man sollte also genau abwägen, ob dieser teure Test von Nutzen ist. Eine Fructoseintoleranz ist mit einer Darmspiegelung nicht zu erkennen.

Basiswissen

Die Verdauung

Für alle, die keine medizinischen Vorkenntnisse haben, möchte ich an dieser Stelle die Verdauung einmal so erklären, dass sie für Laien verständlich ist.
Die Verdauung beginnt schon im Mund, denn durch das Kauen wird Speichel produziert, der das Verdauungsenzym Ptyalin enthält, das Kohlenhydrate aufspalten kann.
Im Magen sind diverse Säfte dafür zuständig, einige Nahrungsbestandteile, beispielsweise Vitamine und Mineralien, aufzuspalten. Diese Säfte werden von den empfindlichen Magenwänden produziert und sind sehr säurehaltig, was man bei Sodbrennen zu spüren bekommt oder bei Erbrechen schmeckt. Je nach Fettgehalt der Nahrung bleibt die Nahrung bis zu etwa drei Stunden im Magen und wird dort durch die Magenbewegung zu einem Brei geknetet. Eine Klappe am Magenausgang lässt davon nur kleine Portionen in den anschließenden Dünndarm gelangen, der viele Meter lang ist und gewunden im Bauch liegt. Der Dünndarm ist in drei Abschnitte aufgeteilt, und je näher der Dünndarm oben am Magen liegt, desto wichtiger ist deren Funktion. Der Bereich direkt nach dem Magen heißt Zwölffingerdarm, weil er etwa so lang ist, wie zwölf Finger breit sind. Er ist der wichtigste Abschnitt des Dünndarms. In ihm sind fingerlange Zotten, die wichtige Nahrungsbestandteile aus dem Nahrungsbrei filtern. In den Zwölffingerdarm münden auch die Gallen- und Bauchspeicheldrüsengänge. Dazu später mehr.

Die beiden anschließenden Dünndarmabschnitte haben, je näher sie zum Dickdarm kommen, immer weniger wichtige Aufgaben. Zwischen dem Dünndarm und dem Dickdarm ist wieder eine Klappe, die dafür sorgt, dass nichts vom Dickdarm zurück in den Dünndarm gelangt.

Hinter dieser Klappe liegt der Dickdarm wie ein dickes umgekehrtes U im Bauch. Im ersten Bereich des Dickdarms, also dort, wo der Dünndarm endet, ist der Nahrungsbrei noch sehr flüssig. Durch Bewegung wird der Brei langsam durch den Dickdarm geschoben, dabei wird ihm mehr und mehr Flüssigkeit entzogen.

Am Ende des Dickdarms ist der Mastdarm. Dort sammelt sich der Brei, der nun zu festerem Kot geworden ist. Wenn sich dort eine gewisse Menge angesammelt hat, wird an das Gehirn signalisiert, dass man zur Toilette muss. Ein Muskel am Ausgang (Anus oder auch After) sorgt für die Kontrolle. Kinder müssen diese Kontrolle erst lernen, alles andere funktioniert ohne Lernen.

Zurück zu den wichtigen Verdauungssäften, die durch einen am Ende gemeinsamen Gang in den Zwölffingerdarm gelangen: Die Leber hat viele wichtige Aufgaben und eine davon ist es, Gallensaft zu produzieren. Dieser wird dann in der Gallenblase gesammelt und bei Bedarf zur Fettverdauung an den Zwölffingerdarm über den Gallengang abgegeben.

Die Bauchspeicheldrüse hat neben der Aufgabe, Insulin zu produzieren, auch die Aufgabe, drei Verdauungssäfte herzustellen und ebenfalls durch einen Gang an den Zwölffingerdarm abzugeben. Diese Säfte sind wichtig für die Verdauung von Kohlenhydraten, Fetten und Proteinen, also Eiweißen.

Beide Organe, also Gallenblase und Bauchspeicheldrüse, haben jeweils einen Gang; kurz vor Eintritt in den Zwölffingerdarm vereinen sich beide Gänge miteinander.

Kurioserweise hat man im ganzen Darm keine schmerzweiterleitende Nerven, so dass man Schädigungen, etwa durch Zöliakie im Dünndarm oder Polypen und Tumoren im Dickdarm, nicht spürt. Dehnt sich der Darm durch Blähungen aus, spürt man den Schmerz, der durch Verdrängung anderer Bereiche im Bauch, verursacht wird.

Ich weiß, dass diese Erklärung sehr vereinfacht ist, aber um Nachfolgendes besser zu verstehen, reicht sie aus. Komplizierte Details und Fachausdrücke könnten nur verwirrend wirken.

Positiv und negativ in der Medizin

In meiner Naturheilpraxis werde ich oft auf Testergebnisse angesprochen und stelle dabei fest, dass viele Menschen mit den Aussagen „negativ“ und “positiv“ durcheinander kommen.

- Negativ bedeutet in der Medizin, dass nichts Krankes oder Schlechtes festgestellt wurde. Negativ ist also „gut“.
- Positiv heißt immer, dass etwas Krankes oder Schlechtes bei dem Test gefunden wurde. Positiv heißt also „nicht gut“, sagt aber noch nichts über den Grad des Testergebnisses aus. Dieser kann von gering bis stark sein. Hinterfragen Sie also immer die Aussage „positiv“.

Wie auch immer ein Labortest ausfällt, bedenken Sie, dass jeder Mensch anders ist und einen individuellen Leidensdruck hat.

Was ist Fructoseintoleranz?

Wenn Obst krank macht

Obst, Zucker und einige fructosehaltige Gemüsesorten werden nicht vertragen. Sie verursachen eine Reihe von Beschwerden, die sehr vielfältig sein können, allen voran Durchfall und Bauchkrämpfe. Oft dauert es lange Zeit, bis herauskommt, dass es sich um eine Fructoseintoleranz handelt. Mit Beginn der fructosearmen oder -freien Diät wird sofort eine deutliche Besserung eintreten. Die Menge der Fructose, die vertragen wird, kann individuell unterschiedlich sein. Jeder muss sie für sich selbst herausfinden. Dabei sollten Sie Folgendes wissen:

Einige Getränke enthalten Fructose als Süßungsmittel. Dazu gehören neben Fruchtsäften auch Limonaden. Früchtetees können bei stark ausgeprägter Fructoseintoleranz ebenfalls zu Beschwerden führen.

Vorsicht auch bei Light- und Diätprodukten, denn sie enthalten oft Fructose oder Sorbit statt Haushaltszucker, was natürlich noch schlimmere Auswirkungen hat. Sogenannte zuckerfrei verarbeitete Lebensmittel enthalten oft Sorbit als Süßungsmittel. Sorbit verschlimmert die Symptome. Dazu später mehr.

Zucker wird aus Zuckerrüben oder Zuckerrohr gewonnen und besteht zur Hälfte aus Fructose. Er wird deshalb nicht oder nur in geringer Menge vertragen. Das gilt auch für Rohrzucker, Agavendicksaft, Ahornsirup und andere Süßungsmittel, die aus Obst oder Gemüse gewonnen werden.

Beschwerden bei Fructoseintoleranz

Nicht alle Beschwerden treten bei jedem Menschen auf. Die meisten leiden allerdings unter den Bauchbeschwerden, verbunden mit Durchfall, der sehr heftig sein kann. Da die meisten Menschen die Fructoseintoleranz nicht von Geburt an haben, werden die Beschwerden langsam immer schlimmer. Immer weniger Fructose wird vertragen, je mehr Obst man verzehrt oder Fruchtsäfte trinkt.
Eine sofortige Besserung der Bauchbeschwerden sollte nach Beginn der Diät eintreten.
Mögliche Beschwerden sind:

- Bauchkrämpfe im Oberbauch
- Durchfall, weicher Stuhlgang
- Geblähter Bauch
- Völlegefühl
- Übelkeit
- Verstopfung (selten)
- Fetthaltiger Stuhlgang
- Häufiger Harndrang
- Gewichtsreduktion
- Kopfschmerzen
- Schwindel
- Depressionen
- Erschöpfung
- Konzentrationsstörungen
- Nervosität

Folgen

Abgesehen davon, dass man psychisch natürlich sehr unter dem ständigen Durchfall und den Bauchkrämpfen leidet, gibt es noch eine Reihe weiterer Probleme, die auftreten können:

- Der Durchfall verhindert, dass man am gesellschaftlichen Leben ohne Beeinträchtigungen teilnehmen kann.
- Wanderungen und andere Unternehmungen sind kaum mehr möglich.
- Wundsein durch den ständigen Durchfall.
- Abfall der Leistungsfähigkeit, Erschöpfung.

- Entwicklungsstörung bei Kleinkindern und Kindern.
- Im Extremfall kann es gleichzeitig zum Abfall des Blutzuckers, also zur Hypoglycämie kommen, die lebensgefährlich sein kann. Insbesondere kleine Kinder mit angeborener Fructoseintoleranz sind gefährdet.
- Gewichtsverlust, Untergewicht.

Mit einer Diät, die zu Beschwerdefreiheit führt, gibt es keine Langzeitfolgen und die Lebenserwartung ist normal.

Fructose auf der Verpackung

Leider gibt es weltweit kaum Lebensmittel, die auf der Verpackung die Bezeichnung „fructosearm oder -frei" aufweisen. Das war mit Laktose und Gluten früher ähnlich. Viele Herstellerfirmen haben entdeckt, dass ihre Produkte besser verkäuflich sind, wenn sie gluten- oder laktosefrei sind. Das lag sicherlich daran, dass immer mehr Menschen diese Diagnosen bekamen und dadurch die Nachfrage stieg.

Beim Hersteller anfragen

Leider gibt es unendlich viele Lebensmittel, die eine kleine Menge Fructose enthalten. Oft versteckt sie sich zum Beispiel in Glukosesirup, der eigentlich fructosefrei ist, aber meistens für den süßeren Geschmack 5 % Fructose enthält.
Ich könnte das alles recherchieren und beispielsweise Listen der fructosefreien Wurstwaren erstellen. Die Zeit ist aber sehr schnelllebig geworden und schon nach Redaktionsschluss des Buches könnte die Liste falsch oder unvollständig sein.
Deshalb empfehle ich Ihnen, Sie bei den Herstellern nachzufragen. Je mehr Personen nachfragen, desto mehr wird den Firmen bewusst, dass es Menschen gibt, die Fructose nicht vertragen. Es ist heute relativ einfach, die Hersteller im Internet zu finden und per E-Mail Kontakt aufzunehmen. Grundsätzlich habe ich die Erfahrung gemacht, dass Firmen, die biologische Produkte für den Naturkosthandel und die Reformhäuser herstellen, gerne helfen und Auskunft geben. Zumal viele Hersteller Familienbetriebe sind und eine ganz andere Einstellung zur Nahrung haben. Fragen Sie also nach der Fructosefreiheit einzelner Lebensmittel. Manchmal ist es sogar besser, wenn Sie direkt nach dem Fructosegehalt der im entsprechenden Lebensmittel enthaltenen Glukose

fragen. Möglicherweise könnte nämlich ein Mitarbeiter der Firma auf die Zutatenliste schauen und eine falsche Auskunft geben, aus Unwissenheit, dass Glukose eben auch Fructose enthalten kann.
Hier ein Mustertext für eine Anfrage, die auch gleich eine Bitte beinhaltet:

> Sehr geehrte Damen und Herren,
>
> ich leide an einer stark ausgeprägten Fructoseintoleranz. Bitte teilen Sie mir mit, ob XYZ (Lebensmittel einsetzen) frei von Fructose und Sorbit ist. Bitte beachten Sie, dass auch in Glukosesirup Fructose enthalten sein kann.
> Ich würde mich - auch im Namen vieler Betroffener - sehr freuen, wenn Sie gegebenenfalls zukünftig „fructosefrei" auf der Verpackung vermerken könnten.
> Vielen Dank.
>
> Mit freundlichen Grüßen
> Name

Angeborene Fructoseintoleranz

Angeborener Enzymdefekt, Hereditäre Fructoseintoleranz (HFI)

Erste Beschwerden durch eine Fructoseintoleranz – also zum Beispiel Bauchkrämpfe – treten nach der ersten Breikost auf, die Fructose enthält. Da neben Obst auch Gemüse, Haushaltszucker und Honig Fructose enthalten, kann das also nach dem Genuss fast jeder normalen Breikost der Fall sein.
Das Erkennen klingt jetzt einfach, dauert aber in Wirklichkeit länger, denn es gibt eine Reihe anderer Ursachen für Bauchschmerzen.
Neben den Bauchkrämpfen, auch im oberen Bereich, kommt es zu Durchfällen, Aufstoßen und Erbrechen. Bei stark ausgeprägter Fructoseintoleranz, können möglicherweise Blässe und Zittern auftreten, verbunden mit kaltem Schweiß, was auf eine damit einhergehende Unterzuckerung hinweist. Dieser Zustand kann sogar gefährlich werden und zum Koma führen. Das passiert glücklicherweise selten, denn eine so ausgeprägte Fructoseintoleranz gibt es nicht oft.
Wer so stark betroffen ist, dass eine Unterzuckerung eintritt, darf lebenslang keine fructosehaltigen Nahrungsmittel und Getränke zu sich nehmen.

Ist die Fructoseintoleranz nicht so stark ausgeprägt, darf man trotzdem einem Kind, welches etwas Fructose verträgt, keine große Menge Obst zu essen geben, auch nicht ausnahmsweise, wie beispielsweise an Kindergeburtstagen, zur Erntezeit und dergleichen.
Leidet also ein Säugling schon darunter, ist zunächst eine sehr strenge fructosearme oder -freie Diät wichtig, denn neben den erwähnten Beschwerden kann es zu Entwicklungsstörungen des Kindes kommen. Außerdem lagert die Leber Fructose ein, schwillt an und kann ihre wichtigen Aufgaben nicht mehr erfüllen.
Es sollte auch auf den H_2-Atemtest verzichtet werden, denn dafür muss das Kind sehr viel Fructose zu sich nehmen, was auf Grund der Unterzuckerung gefährlich werden kann.
Ihr Kind wird die verbotenen Lebensmittel übrigens nicht vermissen, denn es hat sie nicht kennengelernt. Außerdem haben die meisten Kinder mit hereditärer Fructoseintoleranz von Natur aus keinen Appetit auf süße Speisen.

Diagnosen

Die angeborene Fructoseintoleranz, wie beschrieben, wird schon im Säuglingsalter mit Auftreten der Beschwerden nach der ersten Breikost auffallen. Besteht also der Verdacht, sollten Sie bitte nur ganz vorsichtig in geringer Menge Breikost zufüttern und ein Protokoll über die Menge und Art der Lebensmittel sowie die Beschwerden führen.
Bitte wenden Sie sich vor irgendwelchen, möglicherweise schädigenden Experimenten besser an den Kinderarzt. Dieser kann Blut entnehmen und im Labor untersuchen lassen, ob die Transaminasen oder das Bilirubin erhöht sind. Im Urin, dafür gibt es Sammelbeutel, kann gegebenenfalls Protein, Fructose, Tyrosyl und Aminoazid festgestellt werden.
In einem Gentest kann eine hereditäre (ererbte) Fructoseintoleranz gegebenenfalls bestätigt werden. Wenn allerdings die Blut- und Urinwerte dafür sprechen, ist es fraglich, ob ein Gentest, der viel Geld kostet und nur das bestätigt, was man ohnehin weiß, sich lohnt. Ohne Beschwerden würde ich keinen Gentest – zum Beispiel bei Angehörigen – durchführen lassen. Man kann auch Träger des Gens sein, das Gen sogar vererben, ohne je daran zu erkranken. Warum also sich unnötig verrückt machen?

Prognose

Mit einer für Betroffene individuellen Diät ist die Prognose sehr gut und eine normale Lebenserwartung ist gegeben. Das gilt natürlich auch für die Entwicklung des Kindes.
Eine individuelle Diät bedeutet, dass man keine oder nur so viel Fructose verzehrt, wie man verträgt. Zur Sicherheit kann man anfangs gelegentlich die oben erwähnten Laborwerte feststellen lassen. Stellt sich aber heraus, dass diese über einen langen Zeitraum unverändert gut sind, macht man alles richtig und muss sie nicht ständig kontrollieren lassen.

Verwechslung mit Allergien

Die Muttermilch wird nach der Geburt meistens gut vertragen, ebenso die Milchpulverprodukte für das entsprechende Alter.
Probleme kann es allerdings in Bezug auf Allergien geben, wenn die Mutter etwas gegessen hat, worauf der Säugling allergisch reagiert. Das Allergen ist dann in der Muttermilch. Säuglingsnahrung kann ebenfalls eine Allergie auslösen, auch, wenn es ein allergenarmes Produkt ist. Das hat nichts mit Fructoseintoleranz zu tun, kann aber zu ähnlichen Beschwerden führen. Wenn ein Elternteil oder beide an Allergien leiden, sollte dies in Betracht gezogen werden.

Ursache für die angeborene Fructoseintoleranz

Bei der angeborenen Fructoseintoleranz, auch HFI, also hereditäre (= ererbte) Fructoseintoleranz genannt, fehlt das Enzym Aldolase B, welches auch als Fructose-1-Phosphat-Aldolase bezeichnet wird, vollständig oder zum Teil. Es wird zum Abbau der Fructose benötigt. Fehlt es vollständig, wird keine Fructose, fehlt es nur teilweise, wird eine geringe Menge vertragen. Angeboren heißt genetisch bedingt und vererbbar.
Von 20000 Mitteleuropäern hat eine Person eine angeborene Fructoseintoleranz, was nicht bedeutet, dass diese zwangsläufig überhaupt keine Fructose verträgt. Meistens wird eine geringe Menge gut vertragen. Eine von 80 Personen trägt das Gen, ohne darunter zu leiden. Diese Person kann es aber auch weitervererben.
Sehr viel häufiger ist die erworbene Fructoseintoleranz (Seite 32ff.).

Therapie bei der angeborenen Fructoseintoleranz

Wenn eine Intoleranz festgestellt wurde, wird die fructosearme oder im schlimmsten Fall fructosefreie Diät sofort zur Linderung führen, muss dann aber lebenslang eingehalten werden. Glücklicherweise ist es sehr selten, dass jemand lebenslang überhaupt keine Fructose verträgt. Eine geringe Menge ist fast immer erlaubt, was bedeutet, dass man eine kleine Menge der fructosearmen Lebensmittel essen kann, ohne Beschwerden zu bekommen. Das muss allerdings individuell ausgetestet werden.

Fructosefrei sind:

- **Milch** und **Milchprodukte**, sofern sie zuckerfrei sind.
- **Kakaopulver** enthält eine ganz geringe Menge Fructose, die aber meistens vertragen wird. Mit Traubenzucker oder Dinkelsirup gesüßt, wird Kakao vertragen.
- **Dextrose, Traubenzucker** trägt sogar zur besseren Verträglichkeit von Fructose bei.
- **Dinkelsirup** ist intensiv im Geschmack und süßt stark.
- **Reisgetränke** sind süß und zuckerfrei. Reis enthält eigenen Traubenzucker.
- **Reissirup** süßt stark und hat einen milden Geschmack.
- **Malzextrakt** ist ein zäher Sirup mit intensiv aromatischem Geschmack.
- **Alle tierischen Produkte** wie Fleisch, Geflügel und daraus hergestellte Lebensmittel. Wenn es gewürzte Produkte wie Wurstwaren sind, müssen sie zuckerfrei sein.
- **Fisch** ist geeignet, sofern er nicht aus der Dose kommt und Zucker enthält.
- **Eier** sind geeignet.
- **Reis** ist in jeder Form geeignet, sofern kein Zucker zugefügt wurde. Süße Reisspeisen sind mit Milch und Traubenzucker schnell zubereitet. Omas Rezept finden Sie auf Seite 134.
- **Brot**, vor allem aus Weizen oder mit hohem Weizengehalt, wird vertragen, sofern es nicht mit Zucker gebacken wurde. Zucker ist nicht nur in süßem Gebäck enthalten. Er dient als Beschleuniger für Hefe und als Geschmacksverstärker.
- **Wasser** und **Mineralwasser** ohne Zusätze sind in jeder Menge erlaubt und gesund.
- **Tee** außer Früchtetee ist erlaubt.

Es empfiehlt sich, bei allen Produkten auf den Zucker- und Glukosegehalt zu achten. Gegebenenfalls sollten Sie das Brot selbst backen.

Versuchen Sie, ob Sie oder Ihr Kind eine geringe Menge Obst- und Gemüsesorten vertragen. Auf Seite 154 stehen einige, die bei der erworbenen Fructoseintoleranz vertragen werden. Fangen Sie mit einer geringen Menge an.

Gleichzeitig sollte auch komplett auf Sorbit verzichtet werden. Bei Kindern bitte auch an die Zahncreme denken, denn die meisten enthalten Sorbit (Sorbiol) und werden von Kindern gerne verschluckt.

Auch im Kleinkindalter kann eine Fructoseintoleranz erworben und nicht angeboren sein. Zur Unterscheidung gibt es die Möglichkeit des Gentests. Allerdings ist es fraglich, ob der Aufwand sinnvoll ist, denn ein positives Ergebnis des Gentests sagt nicht unbedingt aus, dass die getestete Person tatsächlich darunter leidet.

Der H_2-Atemtest (Wasserstoffatemtest) sollte bei kleinen Kindern nicht durchgeführt werden. Schon die Fructosemenge, die dafür in Wasser gelöst getrunken werden muss, kann zu akuten Problemen führen.

Wer kein Obst und nur geringe Gemüsemengen verträgt, sollte ein Multivitaminpräparat einnehmen.

Vitamine

Vitamine werden als Nahrungsergänzungsmittel bezeichnet und sind frei verkäuflich. Sie bekommen sie in Apotheken, Naturkostläden, Reformhäusern und Lebensmittelläden.

Schauen Sie immer genau auf die Zutatenliste, dort besonders auf die Hilfsstoffe. Sorbit könnte ein solcher sein.

Wichtig ist vor allem Vitamin C. Dabei ist es sinnvoll, entweder ein Depot-Präparat einmal oder ein „normales“ Präparat zweimal am Tag einzunehmen. Vitamin C wird nicht gespeichert, und das Zuviel wird ausgeschieden. Man bekommt es als Pulver, das den Nachteil hat, dass es bei der Einnahme mit den Zähnen in Berührung kommt und für diese schädlich ist. Schon deshalb sind Tabletten oder Kapseln zu bevorzugen.

Es ist sinnvoll, ein Multivitaminpräparat einzunehmen, in dem Vitamin C enthalten ist. Vitamine werden in Kombination miteinander besser aufgenommen.

Man sollte sie entweder zum oder nach dem Essen einnehmen, zumal die Vitamine A, D, E und K ein Fett benötigen, um überhaupt wirksam werden zu können.

Vorsicht bei Brausetabletten, sie enthalten oft Zuckeraustauschstoffe.

Hier eine kleine geeignete Auswahl:

- Biolabor, alle Vitamine Kautabletten (Sanotact*)
- Biolabor, Immun-Formel Mini-Tabletten (Sanotact)
- Multibionta Nutrition Tropfen (Merck)
- Biolabor ProKid Multivitamin + Zink Lutschtabletten (Sanotact)
- FiliMultin Kapseln (Frusano)
- FiliMultin Kapseln (Laktonova)

Natürliche Alternativen:

- Kräuter (wenn sie gut vertragen werden) sind eine wunderbare und natürliche Quelle für reichlich Vitamin C.
- Zitronen und Limonen enthalten viel Vitamin C und wenig Fructose. Wenn sie also verträglich sind, sollten sie als Getränk zubereitet werden. Mit Traubenzucker gesüßt, schmeckt es besser, und die Fructose wird durch den Traubenzucker besser verwertet.

Da Vitamin C hitzeempfindlich ist, bitte nicht erhitzen. Kräuter kann man über das fertige Gericht streuen oder zum Beispiel auf Brot mit oder ohne Quark essen.

Ergänzende Therapien bei angeborener Fructoseintoleranz (HFI)

Eine strenge, lebenslange fructosearme- oder gegebenenfalls fructose- und sorbitfreie Diät ist die wichtigste Therapie. Vielleicht ist nach einer Weile eine kleine Fructosemenge verträglich.

Gerade größere Kinder und Erwachsene sollten eine ergänzende Therapie durchführen, denn möglicherweise handelt es sich nicht um eine angeborene, sondern um eine sehr früh erworbene Fructoseintoleranz, ausgelöst durch beispielsweise eine Antibiotikatherapie, die die Darmflora stark gestört hat.

Nach ein paar Monaten kann man – nach Absprache mit einem kundigen Therapeuten – erneut vorsichtig beginnen, geringe Mengen fructosehaltiger Lebensmittel zu sich zu nehmen. Vielleicht werden diese vertragen. Die Menge sollte stets genau beobachtet werden, damit man dem Kind die individuell verträgliche Obst- und Gemüsemenge auch weiterhin geben kann. Das gilt natürlich auch für ältere Kinder oder Erwachsene. Bitte Vorsicht walten lassen, denn eine zu große Menge kann zusätzlich zu einem gefährlichen Blutzuckerabfall führen.

Natürlich wird man bei dieser Form der Fructoseintoleranz niemals pfundweise Obst vertragen, jedoch vielleicht eine kleine Menge. Verträgt man beispiels-

* Einige Drogeriemärkte, www.biolabor.de oder www.frusano.com

weise zwei Erdbeeren und gegebenenfalls ein wenig Zucker in einem Joghurt oder Quark, ist dies schon eine ganz große Freude.
Ich finde, dass es immer einen Versuch wert ist, die Verträglichkeit noch zu steigern, bei Säuglingen und Kleinkindern aber bitte mit besonderer Vorsicht.

Gleichzeitig gibt es weitere Therapiemöglichkeiten:

- **Darmflora sanieren** und wiederholen, falls danach etwas Fructose vertragen wurde und die Verträglichkeit dann wieder abnimmt.
- **Bioresonanztherapie** kann zur Darmflorasanierung beitragen, denn sie steigert die Immunabwehr. Der Körper kann dann die Darmflora selbst sanieren. Das hält nach meiner Erfahrung oft länger an, als eine medikamentöse Therapie. Bioresonanztherapie bieten viele Ärzte für Naturheilverfahren und Heilpraktiker an. Leider ist es keine normale Leistung der gesetzlichen Krankenkassen. Fragen Sie daher vorher bei Ihrer Krankenkasse nach, ob eine Behandlung erstattet wird.
- **Homöopathie** kann ebenfalls die Darmflora unterstützen und bewirkt manchmal kleine Wunder. Gendefekte kann sie allerdings auch nicht entfernen. Homöopathische Globuli bestehen aus Zucker. Diese Menge ist allerdings so gering, dass sie wahrscheinlich keine Rolle spielt. Einige Mittel gibt es auch in Tropfenform, konserviert mit Alkohol. Leider kann ich Ihnen hier kein Mittel nennen, denn das für Sie oder Ihr Kind richtige, muss individuell ermittelt werden. Ein Heilpraktiker oder ein Arzt mit entsprechender Ausbildung sind dafür die richtige Adresse. Die Behandlung durch den Arzt erstatten einige gesetzliche und private Krankenkassen.

Verträglichkeitstest

Bevor Sie den nachfolgenden Versuch mit Ihrem Kind machen, sollten Sie unbedingt mit einem Therapeuten sprechen, der sich mit dem Thema auskennt. Ein Selbstversuch bei stark ausgeprägter Fructoseintoleranz kann zu einem Blutzuckerabfall führen, der lebensbedrohlich sein könnte.
Bei Kleinkindern, deren Fructoseintoleranz noch nicht so ausgeprägt ist und die sich selbst gut äußern können (zum Beispiel bei Bauchschmerzen), kann eine kleine Menge Fructose ausprobiert werden. Diese kleine Menge darf, sofern sie gut vertragen wurde, gegessen werden. Dafür gibt es aber keine festen Werte, weil jeder Mensch individuell reagiert. Außerdem sind Obst und Gemüse Naturprodukte, die je nach Ernte, unterschiedliche Fructosemengen enthalten.
Notieren Sie die verzehrten Lebensmittel mit Uhrzeit und das Befinden danach, ebenfalls mit Uhrzeit. Nach schon wenigen Tagen können Sie beurtei-

len, ob und wie viel Fructose vertragen wird. Dafür bitte unbedingt mit wirklich geringen Mengen – am besten Gemüse – beginnen.
Die Notizen helfen auch, bewusster zu essen und auf die Beschwerden zu achten.

Erworbene Fructoseintoleranz

Später auftretende Fructoseintoleranz (FI), Fructosemalabsorption (FM)

Daran leiden 10 bis 15 % der mitteleuropäischen Bevölkerung. Die Beschwerden beginnen irgendwann, manchmal ohne ersichtlichen Grund, manchmal nach einer anderen Erkrankung oder nach Antibiotikaeinnahmen.
Hat man die Fructoseintoleranz erkannt, sollte man für einige Monate fructosearm leben und eventuell die Darmflora sanieren. Auch hier würde ich den Dünn- und den Dickdarm behandeln und danach zunächst mit kleinen Obstmengen die Verträglichkeit testen. Oftmals wird während der Diät das Allgemeinbefinden immer besser. Nach einigen Monaten – manchmal auch erst nach einem Jahr – ist der Darm gesund, die Darmflora in Ordnung und Fructose wird wieder vertragen. So jedenfalls ist es sehr häufig, und es lohnt sich, diese Monate eine strenge Diät einzuhalten, um danach wieder alles zu vertragen.
Der Grund für die erworbene Fructoseintoleranz ist, dass Bakterien in den Dünndarm gelangt sind, welche die Verdauung der Fructose verhindern. Das nennt sich *SIBOS* und steht für *Small Intestine Bacterial Overgrowth Syndrome.* Die unverdaute Fructose gelangt dann in den Dickdarm und führt zu Blähungen, Bauchkrämpfen und Durchfällen. Fructose wird durch die gesunden Darmbakterien im Dickdarm in H_2 (Wasserstoff) aufgespalten, was die Blähungen verursacht. Diese Gase können sogar in der Atemluft nachgewiesen werden.

H_2-Atemtestverfahren

Für den medizinischen Test, ob eine erworbene Fructoseintoleranz besteht, wird ein H_2-Atemtest durchgeführt. Dafür wird Fructose in Wasser aufgelöst und getrunken. Die genaue Menge richtet sich nach dem Körpergewicht. In kurzen Abständen wird, etwa drei Stunden lang, die Atemluft in einem Röhr-

chen gesammelt und ausgewertet. Dafür muss jeweils in ein Laborröhrchen geblasen werden. Je höher der gemessene Gehalt an Wasserstoff (H_2) ist, desto stärker ausgeprägt ist die Fructoseintoleranz.
Es ist sinnvoll, gleichzeitig auch den Methangehalt der Atemluft zu messen, denn es können methanproduzierende Bakterien im Darm vorhanden sein, die den Wasserstoff so weit verbrauchen, dass dieser trotz Fructoseintoleranz nicht mehr nachweisbar ist. Diese Personen werden als „H_2-Non-Producer" bezeichnet.
Noch wichtiger für die Diagnose ist es, dass die betroffenen Person oder ihre Angehörigen ein Tagebuch führen (siehe Seite 34). Hierin werden für ein paar Tage alle verzehrten Nahrungsmittel und die Beschwerden dokumentiert. Ein gut geführtes Tagebuch kann die Labordiagnose fast ersetzen.
Da bei dem H_2-Atemtest viel aufgelöste Fructose getrunken wird, werden danach mehr oder weniger heftige Beschwerden auftreten, je nachdem, wie ausgeprägt die Fructoseintoleranz ist. Wer also einen solchen Test durchführen lässt, muss damit rechnen, für den Rest des Tages nicht mehr arbeitsfähig zu sein und muss möglicherweise danach nach Hause gefahren werden.
Bei einer schweren Fructoseintoleranz, vor allem bei Kindern, sollte beim H_2-Atemtest unbedingt auch der Blutzucker beobachtet werden, denn es kann zu einer möglicherweise gefährlichen Unterzuckerung kommen. Bei Kleinkindern sollte man daher sorgfältig abwägen, ob der Test wirklich nötig ist oder ob man ihn besser nicht machen sollte.
Nach meiner Meinung reicht es, wenn man beobachtet, am besten mit Hilfe des Tagebuchs, ob nach dem Genuss fructosehaltiger Lebensmittel die typischen Beschwerden auftreten.

Naturheilkundliche Diagnose

Um festzustellen, ob eine Fehlbesiedelung im Dünndarm vorliegt, gibt es eine alte Methode, die naturheilkundlich von einigen Ärzten und Heilpraktikern – auch von mir – durchgeführt wird. Das ist die „Harndiagnostik mit der Unterschichtungsreagenz" oder „Überschichtungsreaktion des Harns" oder „Unterschichtungsreaktion des Harns" oder „UriColor". Gemeint ist jeweils dieselbe Methode. Dafür wird in ein U-förmiges Spezialglas mit einem kurzen und einem langen breiten Hals am jeweils oberen Ende Urin und eine Reaktionsflüssigkeit gefüllt. Nach ein bis drei Minuten kann man das Ergebnis erkennen, denn die beiden Flüssigkeiten trennen sich voneinander. An der Stelle der Trennung gibt es einen Farbring. Ist dieser blau, weist das auf eine Darmflorastörung hin. Des Weiteren können sich Blasen im Glas bilden. Befinden sich diese im Teil mit dem kurzen, breiten Hals, kann das wie folgt gedeutet werden:

- Kleine Blasen: Dünndarmstörungen
- Große Blasen: Dickdarmstörungen
- Kleine und große Blasen: Störungen in beiden Darmabschnitten

Mögliche Ursachen

Da sich die Fructoseintoleranz im Darm abspielt, liegt auch dort die Ursache. Sie kann durch die Einnahme eines Antibiotikums, aufgrund einer anderen Erkrankung entstehen. Das muss nicht unmittelbar bei oder kurz nach der Einnahme beginnen. Einige Tage bis wenige Wochen danach kann es zu den ersten, zunächst leichten und später stärkeren Beschwerden kommen.
Medikamente, die einen Einfluss auf den Darm haben und über längere Zeit eingenommen werden, können ebenfalls eine Fructoseintoleranz auslösen. Manchmal findet man den tatsächlichen Grund aber auch nicht heraus.

Tagebuch

Wenn es Ihnen ganz schwerfällt, auf Fructose und Zucker zu verzichten, oder wenn Sie sehr empfindlich sind und selbst geringe Mengen Fructose nicht vertragen, sollten Sie eine kurze Zeit - etwa 14 Tage - ein Tagebuch führen, um die persönliche Toleranzschwelle zu ermitteln. Es wird Ihnen helfen zu erkennen, wie viel Fructose Sie vertragen, ob und wie viel Traubenzucker hilft und ob und wie viel Kümmel oder dergleichen hilfreich sind. Natürlich ist es gerade kurz nach der Diagnose besser, Sie verzichten so weit wie möglich auf Fructose, damit Ihre Darmbesiedelung besser wird.
Hier ein Beispiel für ein Tagebuch:

Morgen 6–10 Uhr	Vormittag 10–12 Uhr	Mittag 12–14 Uhr	Nachmittag 14–17 Uhr	Abend 14–21 Uhr	Beginn der Beschwerden	Ende der Beschwerden

Medikamente

Das Enzym Xylose Isomerase (XI) unterstützt den Darm bei der Fructoseverdauung. Das funktioniert allerdings nur bei der erworbenen Fructoseintoleranz. Die entsprechenden Präparate sind zurzeit nur in Apotheken in Österreich ohne Rezept erhältlich und werden von den Krankenkassen nicht erstattet. Es bleibt zu hoffen, dass sie Präparate bald auch wieder in Deutschland und der Schweiz erhältlich sein werden. Leider sind sie so teuer, dass man sie sicher nur in Ausnahmefällen einnehmen wird. Hier ein paar Präparate:

- Fructosin Kapseln, 2-mal täglich 2 Kapseln
- FructoZym®

Geeignete Vitamine finden Sie auf der Seite 30.

Therapien bei erworbener Fructoseintoleranz

Die wichtigste Therapie ist eine zunächst fructosearme Diät, bei der nach ein paar Wochen die Fructosemenge erhöht werden kann. Diese erste fructosearme Zeit wird Karenzzeit genannt und ist bei jedem Menschen unterschiedlich lang. Leider gibt es keine allgemein gültigen Werte für die vertragene Fructosemenge während und nach der Karenzzeit.
Zu Beginn, also die ersten zwei bis vier Wochen, sollte komplett auf jegliche Fructose in Lebensmitteln verzichtet werden. Danach, sofern sie dann toleriert werden, können geringe Mengen an fructosearmen Gemüsesorten verzehrt werden. Neben Fruchtzucker ist wegen des Fructosegehalts auch jede andere Art von Zucker zu vermeiden. Sorbit ist ebenfalls nicht erlaubt.
Da diese Form der Fructoseintoleranz nicht angeboren ist, besteht eine gute Möglichkeit der deutlichen Besserung, also Verträglichkeit von Fructose. Selbst wenn ein Gendefekt vorliegt, der sich erst später bemerkbar gemacht hat, kann eine Besserung möglich sein.
Nach der Karenzzeit, stellen Sie Ihre persönliche Toleranzschwelle für Fructose durch genaues Beobachten, eventuell mit Hilfe eines Tagesbuchs, fest, und verzehren Sie nicht mehr Fructose als Sie persönlich vertragen. Gleichzeitig gibt es weitere Therapiemöglichkeiten:

Die **Sanierung der Darmflora**, wenn eine Darmflorastörung (Dysbiose) im Stuhl bestätigt wurde. Angesichts der Tatsache, dass es kaum Menschen mit einer hundertprozentig guten Darmflora gibt, ist eine Therapie auf jeden Fall sinnvoll und unschädlich, auch wenn vorher keine Diagnose erstellt wurde. Später dazu mehr.

Die **Bioresonanztherapie** kann die körpereigene Abwehr so stärken, dass sich der Körper bei der Darmsanierung selbst helfen kann. Diese Therapie ist schmerzfrei und nach meinen Erfahrungen sehr hilfreich gegen vielerlei Beschwerden.
Die **Homöopathie** regt ebenfalls die eigenen Selbstheilungskräfte an. Leider ist es nicht möglich, hier ein homöopathisches Mittel zu nennen, weil das immer individuell von einem erfahrenen Therapeuten ermittelt werden muss.

Besserung durch Diät

Schon zu Beginn der Diät wird eine Besserung der Beschwerden eintreten. Falls nicht, gibt es noch Diätfehler oder es besteht zusätzlich eine weitere Intoleranz. Dabei ist auch an jene zu denken, die ähnliche Symptome verursachen und schon auf Seite 17 erwähnt wurden. Dazu zählen beispielsweise die Laktoseintoleranz, Zöliakie / Sprue, Histaminintoleranz oder Allergien.
Beginnen Sie eine etwa zwei- bis achtwöchige Karenzzeit mit möglichst ganz wenig Fructose. Für den Start eignen sich Produkte:

- Brot (ohne Zucker), vorzugsweise Weizen- oder Dinkelbrot
- Eiern
- Fisch
- Fleisch
- Geflügel
- Geeignete Gemüse, wie Blattsalat
- Milch
- Reis
- Traubenzucker und Dinkel- und Malzsirup (als Zuckerersatz)
- Wasser, Tee (außer Früchtetee)

Achten Sie darauf, dass Milchprodukte, Wurst und Brote geringe Mengen Zucker oder fructosehaltigen Glucosesirup enthalten können. Backen Sie gegebenenfalls das Brot selbst, was viel leichter ist, als viele glauben. Rezepte finden Sie im Rezeptteil.
Nach wenigen Wochen sollte es Ihnen deutlich besser gehen. Beginnen Sie dann einzelne fructosearme Gemüsesorten (eingeschränkt erlaubte) in geringer Menge zu essen und beobachten Sie Ihr Befinden. Erhöhen oder reduzieren Sie die Menge und Art des Gemüses. Wenn Sie die Toleranzschwelle erkannt haben, sollten Sie ganz vorsichtig kleine Obst- oder Gemüsestücke essen. Solange es Ihnen dabei gut geht, dürfen Sie die von Ihnen tolerierte

Menge verzehren. Diese Anfangsdiät sollten Sie dann ein paar Monate einhalten. In dieser Zeit kann sich Ihr Darm erholen. Nach etwa einem Jahr – dafür gibt es leider keine genaue Regel – können Sie vorsichtig versuchen, die verzehrte Fructosemenge zu erhöhen. Geht es noch nicht, bleiben Sie unterhalb der Toleranzmenge und gedulden Sie sich. Alle paar Monate können Sie einen Versuch unternehmen. Den meisten Menschen geht es nach einem Jahr wieder gut und sie können dann fast alles wieder essen.

Darmflora

Der Dünndarm – also der Darmbereich, der nach dem Magen kommt – ist in drei Abschnitte aufgeteilt und bei Erwachsenen drei bis sechs Meter lang. Anschließend folgt der Dickdarm mit etwa bis zu 150 cm Länge. Dazwischen ist eine Klappe – sie wird Bauhin'sche Klappe genannt –, die verhindert, dass etwas aus dem Dickdarm zurück in den Dünndarm fließt. Der Dünndarm und der Dickdarm sind mit unterschiedlichen Darmbakterien besiedelt. Diese Bakterien sind wichtig für die Zersetzung und Umwandlung des Speisebreis.
Würde etwas vom Dickdarm in die oberen Bereiche des Dünndarms gelangen, käme es zu heftigen Bauchbeschwerden. Das passiert nur, wenn etwas mit der Bauhin'schen Klappe nicht in Ordnung ist.
Die Bakterienzusammensetzung des Dünn- und Dickdarms wird als Darmflora bezeichnet.
Im Mutterleib sind beide Darmabschnitte steril, also ohne Bakterien. Schon bei der Geburt kommt es zur Besiedelung durch die Vaginalbakterien der Mutter. Später kommen weitere Bakterien durch die Muttermilch oder andere Nahrung dazu. Im Normalfall hat der Säugling schnell eine gesunde Darmflora (Intestinalflora).
Sind falsche Darmbakterien im Darm, nennt man dies eine Fehlbesiedelung oder eine schlechte Darmflora. Meistens betrifft das den Dickdarm und seltener den Dünndarm. Dann ist eine Darmflorasanierung notwendig.
Betrifft es aber den Dünndarm, kann es zur Fructoseintoleranz kommen. Dünndarmfehlbesiedelungen machen sich meistens durch unterschiedliche Bauchbeschwerden bemerkbar. Eine Diagnose ist schwierig, weil die Nachweisverfahren entweder ungenau oder sogar mit der Einnahme eines radioaktiven Stoffs verbunden sind. Fraglich ist, ob man sich dem unterzieht oder ohne genaue Diagnose eine Therapie – also Dünndarmflorasanierung – durchführt, die nicht schadet, wenn die Darmflora in Ordnung ist. Außerdem wird die Dünndarmflora bei vielen Menschen ganz von alleine wieder ausgewogen, wenn man fructosearm lebt. Das dauert etwas länger, klappt aber meistens.

Die Fehlbesiedelung des Dickdarms macht am Darm beziehungsweise im Bauch selbst keine Beschwerden. Die Symptome können sehr viel diffuser sein und sind schwer der Darmflora zuzuordnen. Sehr häufig ist das Immunsystem betroffen, und die Immunabwehr ist geschwächt. Allergische Reaktionen können die Folge sein. Diese können so stark sein, dass man fast nichts mehr verträgt. So kann es also zu Verwechslungen mit einer Fructoseintoleranz kommen, zumal bei Allergien leider Obst am wenigsten verträglich ist, allen voran histaminreiches Obst.
Die Diagnose ist aber unkompliziert, denn die Fehlbesiedelung kann in einer Stuhlprobe nachgewiesen werden. Zu dieser Fehlbesiedelung gehören auch Candida albincans, also die Darmpilze in zu großer Anzahl. Die andere Besiedelung sind diverse Milchsäurebakterien.
Eine Therapie ist recht einfach, es gibt viele Präparate mit den entsprechenden gesunden Bakterien. Einige Präparate enthalten für den Dickdarm wichtige Echerichia Coli-Bakterien, die alle ungesunden Bakterien verdrängen.
Wird im Volksmund von „schlechter Darmflora" gesprochen, ist der Dickdarm mit seinen Bakterien gemeint. In der Medizin spricht man von einer Dysbiose.

Therapie der Dünndarmflora

Die Therapie ist langwierig, nicht einfach und es werden nur wenige Präparate angeboten.
Die **fructosearme Diät** über einen längeren Zeitraum (bis zu einem Jahr, selten länger) trägt erheblich zur Darmflorasanierung bei.
SymbioLact A enthält nur Milchsäurebakterien für den Dünndarm.
SymbioLact comp enthält Milchsäurebakterien für den Dünn- und Dickdarm.
Bei einer starken Besiedelung des Dünndarms mit Bakterien kann eine Antibiotikabehandlung nötig sein, die allerdings möglicherweise der Darmflora im Dickdarm schadet. Diese Behandlung sollte nur ein Arzt durchführen, der mit dem Thema gut vertraut ist.

Therapie der Dickdarmflora

Die Darmflora des Dickdarms benötigt Milchsäurebakterien in ausgewogenem Verhältnis sowie die richtige Menge E-Kolibakterien. Die genaue Zusammensetzung der Darmflora im Dickdarm lässt sich mit Hilfe eines Stuhltestes ermitteln. Erfahrungsgemäß ist eine ganz gründliche Analyse, welche Bakterien in welcher Menge genau enthalten sind, überflüssig. Die Therapie ist immer ähnlich. Man

kann E-Kolibakterien oder Milchsäurebakterien (Laktobakterien) zufügen, die dann die schlechten Bakterien und Pilze (Candida) verdrängen. Hierfür gibt es zahlreiche Präparate in der Apotheke, im Reformhaus und sogar in den Gesundheitsabteilungen der Supermärkte, sodass ich an dieser Stelle keine nennen muss. Lassen Sie sich aber nicht verführen, teure „probiotische“ Joghurts zu kaufen. Ganz normale zuckerfreie Joghurts reichen völlig aus.
Schon allein durch eine fructosearme Diät wird sich die Dickdarmflora erholen, es dauert vielleicht nur etwas länger.

Erste Hilfe

Traubenzucker / Dextrose

Komplett fructosefrei ist Traubenzucker, also reine Glukose, die sogar dabei hilft, dass Fructose schneller vom Dünndarm aufgenommen wird. Das reduziert die Blähungen im Dickdarm. Versuchen Sie also zum kleinen Obststück oder zu Gemüse ein Stückchen oder einen Teelöffel Traubenzucker zu essen. Das kann nach dem Essen sein, denn Traubenzucker wird schneller vom Dünndarm aufgenommen als Fructose. Allerdings müssen Sie die Mengenverhältnisse für sich selbst ausprobieren, denn jeder Mensch reagiert anders. Allgemein verbindliche Werte gibt es leider nicht. Sicher können Sie damit nicht die komplette Fructoseintoleranz wegbekommen, aber zumindest wird es Ihnen vielleicht möglich, eine kleine Menge Obst zu genießen.
Tragen Sie also immer etwas Traubenzucker bei sich und probieren Sie aus, ob er Ihnen hilft. Sind erst die Blähungen da, wird Traubenzucker sie möglicherweise nicht mehr lindern.

Bei Blähungen

Kümmel (Carum carvi), **Fenchel** (Foeniculum vulgare), **Anis** (Pimpinella anisum) und **Dill** (Anethum graveolens) sind Gewürze, die schon in geringer Menge Blähungen reduzieren.
Dabei ist **Kümmel** am stärksten wirksam. Ein paar Kümmelsamen mit einem Löffel in einer Tasse etwas andrücken, damit die ätherischen Öle frei werden, und dann mit kochendem Wasser aufgießen. Kümmeltee schmeckt erstaunlich gut, und manchmal reichen schon ein paar Schlucke, um die Symptome

zu lindern. Natürlich kann man auch Kümmelteebeutel verwenden, da aber der Kümmel schon gemahlen ist und eventuell lange gelagert wurde, sind die medizinisch wirksamen ätherischen Öle zum Teil schon verflogen. Selbst Säuglinge dürfen Kümmeltee trinken, wobei eine kleine Menge schon hilfreich sein kann. Im Reformhaus und Naturkostladen bekommt man Kümmel als Gewürz (aus kontrolliert biologischem Anbau), der dafür gut geeignet ist.
Für einen **Fencheltee** wird ein Teelöffel Fenchelsaat in einer Bechertasse mit kochendem Wasser aufgegossen. Nach 10 Minuten ist der Tee trinkfertig.
Anissaat kann als Tee pur oder mit Fenchel und Kümmel gemischt zu einem Tee aufgebrüht werden. Für Tee pur einen Teelöffel Anissaat verwenden oder zur Hälfte mit Fenchel für einen Fenchel-Anistee vermischen. Kümmelsamen müssen nur einzeln, leicht angedrückt, zugefügt werden.
Für einen Dill-Kräutertee einen Teelöffel getrocknete **Dillspitzen** in einer Bechertasse mit kochendem Wasser aufgießen und nach etwa 5 Minuten trinken.

Gegen Bauchkrämpfe

Dr. Schüßler Salz Nr. 7 ist Magnesuim phosphoricum in der Potenz D 6 oder D 12.
Von diesem Schüßler Salz, von einigen Firmen Biomineral genannt, werden 7 bis 10 Tabletten in heißem Wasser aufgelöst und schluckweise noch heiß getrunken. Diese Methode wird auch „heiße Sieben“ genannt. Dabei sollte jeder Schluck einen Augenblick im Mund bleiben, damit die Mundschleimhaut das Mittel besser aufnehmen kann. Die Mundschleimhaut ist gut durchblutet und der Wirkstoff gelangt so schneller in den Blutkreislauf.
Diese Form der Einnahme hilft besonders im Notfall gegen viele Akutprobleme, vor allem gegen Bauchkrämpfe.
Die meisten Firmen haben ihre Schüßler Salze / Biominerale mit Milchzucker als Hilfsstoff hergestellt. Die Firma Pflüger bietet auch Tropfen an.

Lebensmittelkunde rund um die Fructose

Dieses Kapitel soll Ihnen einen Überblick geben, welche Lebensmittel viel und welche wenig Fructose enthalten. Da es sich um Naturprodukte handelt, ist natürlich der Gehalt sehr unterschiedlich, und auch Ihre persönliche Toleranzschwelle spielt eine große Rolle. Deshalb habe ich den Fructosegehalt nicht in Prozent oder Maßeinheiten benannt, sondern Obst und Gemüse lediglich als „günstig" und „ungünstig" bezeichnet. Komplett frei von Fructose sind weder Obst noch Gemüse. Alle enthalten mehr oder weniger Fructose und Glucose. Das Verhältnis, in dem beide zueinander stehen, macht sie besser oder schlechter verträglich. Je mehr Glucose, also Traubenzucker, enthalten ist, desto besser wird die Fructose im Obst und Gemüse vertragen.

Zucker und Süßungsmittel

Traubenzucker

Dem Namen nach könnte man vermuten, dass Traubenzucker aus der Weintraube kommt. Er wird aber aus Kartoffeln, Weizen und Mais gewonnen und ist eine preiswerte und praktische Alternative, die zum Süßen von allen Speisen und Backwaren geeignet ist. Er ist gut verträglich und sogar hilfreich bei der Fructoseintoleranz, kann aber in hoher Menge zu Durchfall führen.
Leider ist Traubenzucker weder für die Zähne noch für die Darmflora gut. Er greift die Zähne an, genau wie Zucker, und fördert sogar die schlechte Darmflora. Sollte diese also gestört sein, was bei einer Fructoseintoleranz häufig der Fall ist, sollte vor allem in der Karenzzeit wenig Traubenzucker konsumiert werden.
Gleich an dieser Stelle auch noch ein paar Worte zu diesem oft als „Energiespender" gepriesenen Zucker. Die Energie, die von Traubenzucker geliefert wird, ist nur kurzfristig und führt zu anschließender Müdigkeit.

Traubenzucker ist wasserlöslich, schmilzt bei 146 Grad Celsius und macht Kuchen- und Plätzchenteige etwas zäher.
Traubenzucker kann man auch karamellisieren: Einfach 1–2 Esslöffel Traubenzucker in einen Kochtopf streuen und erhitzen. Je nach Menge und Hitze löst sich der Traubenzucker schnell auf und wird schon nach wenigen Minuten braun. Bleiben Sie dabei stehen, denn zu braun schmeckt er nicht mehr. Je mehr der Traubenzucker karamellisiert ist, desto fester wird er nach dem Erkalten. Er kann so fest wie ein Bonbon werden. Bonbons herzustellen ist bei Kindern sehr beliebt, doch Vorsicht beim Hantieren! Denn er wird sehr heiß. Vor allem jüngere Kinder sollten keinen Traubenzucker schmelzen, wenn keine erwachsene Person dabei ist.
Die Süßkraft von Traubenzucker ist im Verhältnis zum Haushaltszucker nur 0,5- bis 0,8-fach. Um die richtige Menge herauszufinden, schmeckt man einfach am besten ab, das gilt auch für einen Kuchen- oder Plätzchenteig.
Traubenzucker ist der gebräuchliche Begriff für Glucose oder Dextrose. Jeder Lebensmittelhandel führt ihn. Es gibt ihn sogar in kontrolliert biologischer Form.
Dextrose ist häufig die Bezeichnung für Traubenzucker im Lebensmittelhandel, oft auch für Produkte, in deren Namen der Begriff *Dextro* enthalten ist. Es gibt Dextrose mit und ohne Vitaminbeigaben, als Pulver und auch in Form von kleinen Tafeln oder als Lutschbonbons. Sie haben oft zusätzlich einen Aromastoff und werden gerne als Energiespender angepriesen. Manche Apotheke hat sie als kleine Kindergeschenke.
Glucose / Glukose ist der chemische Fachbegriff für Traubenzucker.

Günstiger, erlaubter Zuckerersatz

Glucosesirup ist selten rein – er darf bis 5 % Fructose enthalten, ohne dass dies deklariert sein muss. Er ist schwer zu bekommen, aber oft Zutat in Fertiglebensmitteln. Hier muss gegebenenfalls nachgefragt werden, ob der Glukosesirup rein ist. Eine zuverlässige Auskunft erhält man leider oft nur beim Hersteller. Eine Liste der Lebensmittel mit 100%igem Glukosesirup zu erstellen, macht wenig Sinn, denn die Firmen ändern ihre Rezepte in der heutigen Zeit viel zu schnell. Bei Erscheinen dieses Buches könnte die Angabe schon überholt sein.
Dinkelsirup wird, wie der Name schon sagt, aus Dinkel gewonnen und ist wunderbar geeignet als zähflüssiger Sirupersatz. Selbstverständlich lässt sich damit alles süßen. Nach meiner Meinung ist es der beste und gesündeste Ersatz für Zucker, Honig und Zuckerrübensirup. Sie bekommen ihn im Reformhaus oder Naturkostladen.

Gerstenmalz, Malzextrakt, wird aus Gerste hergestellt und schmeckt sehr aromatisch und lecker. Seine Konsistenz ist dem Zuckerrübensirup ähnlich (Naturkostladen und Reformhaus).
Maismalzsirup / Maissirup wird enzymatisch so hergestellt, dass keine Fructose mehr enthalten ist. Er gehört zu den Glukosen und ist verträglich, wenn keine Fructose beigefügt wurde.
Maltose, auch Malzzucker genannt, wird aus Gerste gewonnen und kann sogar, wie Traubenzucker, bei Fructoseintoleranz hilfreich sein.
Milchzucker / Laktose fördert die Verdauung, wird als Mittel gegen Verstopfung angeboten und wird nur in geringer Menge vertragen. Er süßt aber nicht stark und ist Trägermaterial einiger homöopathischer Komplexmittel und von Schüßler Salzen.
Oligosaccharide und **Polysaccharide** sind grundsätzlich verträglich. Leider gibt es auch Mischungen und andere Zusammensetzungen, die dann nicht vertragen werden.
Reissirup ist ein Glukosesirup aus Reis. Man erhält ihn im Bio / Naturkostladen. Er hat einen leichten Nachgeschmack, den aber nicht jeder als unangenehm empfindet. Er eignet sich gut als Ergänzung oder Ersatz von Traubenzucker beim Backen. Reissirup muss im Kühlschrank aufbewahrt werden. Portionsweise kann er auch gut tiefgefroren und nach Bedarf aufgetaut werden.
Trehalose wird aus Tapioka gewonnen, ist aber möglicherweise gentechnisch verändert.
Weizensirup wird enzymatisch aus Weizen gewonnen und gehört zu den Glukosen; er ist verträglich, wenn keine Fructose beigefügt wurde.

Ich habe die Erfahrung gemacht, dass Traubenzucker (Dextrose) und Dinkelsirup die besten Alternativen sind. Sie sind immer fructosefrei und können jeweils einzeln, aber auch in Kombination verwendet werden. Traubenzucker bekommen Sie überall dort, wo es Lebensmittel gibt, und Dinkelsirup im Reformhaus, Bioladen und bei vielen Internetanbietern. Ich würde ihnen vor synthetischen Zuckeraustauschstoffen den Vorzug geben, auch wenn diese erlaubt sind.

Erlaubte Zuckeraustauschstoffe

Auch hier sollte die individuelle Verträglichkeit getestet werden, vor allem, weil einige die Verdauung anregen und deshalb zu Durchfällen führen können.

Acesulfam K (E 950) ist ein synthetisch hergestellte Süßstoff mit hoher Süßkraft. Er ist jedoch so gut wie überhaupt nicht abbaubar und gelangt somit über unsere Nahrung in Flüsse, Seen und ins Grundwasser.
Aspartam (E 951) ist synthetisch, wird auch als NutraSweet oder Canderel angeboten und ist ein Süßstoff, der keinen bitteren Beigeschmack hat und zum Süßen von kalten Getränken und Süßspeisen geeignet ist. Der Süßstoff ist umstritten, gilt aber laut EU beim Verzehr in üblichen Mengen als unbedenklich.
Cyclamat (E 952) ist ebenfalls synthetisch.
Erythrit (E 968)/Erythritol ist ohne Beigeschmack, kann aber in größerer Menge zu Durchfall führen.
Stevia ist ein Kraut, süßt sehr stark, hat aber oft einen bitteren Nachgeschmack. Das Kraut kann pur verwendet werden. Es gibt auch kleine Süßstofftabletten, die zum Süßen von Getränken geeignet sind. Mittlerweile gibt es Pulver, die mit anderen Zuckeraustauschstoffen gestreckt wurden, um die Anwendung zu erleichtern und den bitteren Geschmack zu überdecken. Dieser bittere Geschmack wird allerdings von einigen Menschen toleriert. Eine Steviapflanze kann man sich auf der Fensterbank selbst züchten. Ein Blatt kann schon ausreichen, um eine Süßspeise herzustellen*.

Ungünstige Zucker und Süßungsmittel

Weil Zucker zu 50 % aus Fructose besteht und die meisten Sirupe ebenfalls, muss darauf verzichtet werden. Die wenigen geeigneten finden Sie ab Seite 41
Agavendicksaft, dieser süße, honiggelbe Saft wird aus der Agave gewonnen und besteht zu einem hohen Anteil aus Fructose.
Ahornsirup ist ein intensiv aromatisch schmeckender Sirup und stammt aus dem Zuckerahornbaum, der vorwiegend in Kanada wächst. Je nach Erntezeit variiert das Aroma und wird als Grad A bis Grad D bezeichnet. Er besteht aus Fructose und Glucose.
Apfel- und Birnenkraut bestehen zu 100 % aus konzentriertem Apfel bzw. Birne und ist deshalb nicht geeignet. Beide schmecken leicht säuerlich und wären ohnehin keine guten Süßungsalternativen.
Carob wird aus der Frucht des Johannisbrotbaums gewonnen und ist fructosehaltig. Es wird als Pulver und „Schokoladenersatz“ angeboten.
Einmachzucker/Einmachraffinade ist ein Haushaltszucker, der eine besondere Reinheit und besonders große Kristalle aufweist (siehe Zucker).

* Ausführliche Information über Stevia bieten die Bücher von Brigitte Speck, „Mit Stevia natürlich süßen“ und „Backen mit Stevia“, die im selben Verlag erschienen sind.

Gelierzucker ist ein Haushaltszucker, dem ein Geliermittel, meist Pektin zugefügt wurde, das aus Früchten gewonnen wird.
Glukosesirup ist ein Oberbegriff. Das bedeutet, dass er viel oder wenig Fructose enthalten kann. Eigentlich besteht Glukose aus Traubenzucker. Leider gibt es aber keinen wirklichen Schutz für das Wort Glucose / Glukose. Bis 5 % Fructose ist bei manchen Glukosen zugefügt, ohne dass es entsprechend deklariert ist. Glukosesirup ist in sehr vielen Lebensmitteln enthalten, dazu gehören zum Beispiel auch Wurstwaren. Hier muss die individuelle Verträglichkeit getestet oder besser die Fructosefreiheit beim Hersteller hinterfragt werden. (Seite 25).
Honig ist je nach Sorte mehr oder weniger ungeeignet. Wenn Sie etwas Fructose vertragen, können Sie eine ganz kleine Menge vorsichtig ausprobieren.
Kandiszucker hat die gleiche Zusammensetzung wie Haushaltszucker, wird nur etwas anders hergestellt.
Melasse enthält viel Fructose, schmeckt sehr intensiv, aber nicht wirklich süß.
Sirup als Oberbegriff steht für unterschiedliche Sorten und sagt über den Inhalt nichts aus. Es kann ein Sirup mit hohem Fructoseinhalt sein, aber auch aus geeignetem Traubenzucker. Das Wort Sirup in Zutatenlisten muss also immer hinterfragt werden.
Rohr- oder Rohrohrzucker und Brauner Zucker klingen zwar gesünder, sind es aber in unserem Fall keineswegs, denn alle diese Zuckersorten bestehen ebenfalls zu 50 % aus Fructose.
Zucker / Haushaltszucker, gewonnen aus Zuckerrüben oder Zuckerrohr, besteht leider zur Hälfte aus Fructose. Die andere Hälfte ist Glukose, also Traubenzucker.
Zuckerrübensirup ist auf Grund des hohen Fructosegehalts ungeeignet.

Fragliche Zuckeraustauschstoffe

Jeder Mensch reagiert unterschiedlich und gerade der Darm ist ein sehr empfindliches Organ. Das bedeutet, dass es keine Regel und keine genaue Menge für Zuckeraustauschstoffe und deren Verträglichkeit gibt. Das gilt auch für Menschen ohne Fructoseintoleranz, denn fast alle Zuckeraustauschstoffe verursachen – je nach konsumierter Menge und Verträglichkeit – Durchfall und Bauchkrämpfe. Ich weiß, dass es schwierig ist, Fertiglebensmittel zu bekommen, die frei von Zucker sind und gleichzeitig keine Zuckeraustauschstoffe enthalten. Sie müssen also selbst herausfinden, welche Menge Sie oder Ihr Kind wovon vertragen. Unkomplizierter und bestimmt auch leckerer und gesünder ist es, wenn Sie keine Fertiglebensmittel konsumieren und zum Süßen Traubenzucker oder Dinkel- und Reissirup verwenden.

E 421 Mannit / Mannitol wird aus Fructose gewonnen und ist oft ein Hilfsstoff für Tabletten.
E 953 Isomalt wird aus Zucker gewonnen und regt ganz besonders die Verdauung an.
E 965 Maltit wird aus Mais gewonnen und wird in der Lebensmittelindustrie als Zuckerersatz verwendet.
E 966 Lactit wird aus Milchzucker gewonnen, dabei wird ein Teil in Sorbit umgewandelt.
E 967 Xylit / Xylitol / Birkenzucker wird aus Birkenrinde gewonnen, schmeckt nach Menthol und ist vielen Bonbons und Kaugummis zugefügt. Es hat eine stark abführende Wirkung und wird deshalb von vielen nicht vertragen.

Ungünstige Zuckeraustauschstoffe

Die meisten der nachfolgenden Zuckeraustauschstoffe fördern die Fructoseaufnahme im Darm, sind deshalb ungeeignet und verstärken die Beschwerden. Fast alle wirken verdauungsfördernd, was zu Bauchkrämpfen führen kann. Gegebenenfalls muss die eigene Toleranzschwelle vorsichtig getestet werden.
Invertzucker / Invertose / Trimoline wird aus Fructose und Glukose hergestellt und ist in Fertiglebensmitteln zu finden.
Sorbit / Sorbitol (E 420) ist ein Zuckeraustauschstoff, der früher aus Früchten und heute aus Getreide gewonnen wird und die Fructoseaufnahme im Dünndarm sogar noch beschleunigt. Deshalb sollte man Sorbit auf jeden Fall komplett meiden, denn sonst wird schon eine kleine Menge Fructose zu starken Beschwerden führen.Sorbit kann bei größerer Verzehrmenge, auch ohne Sorbit- oder Fructoseintoleranz, zu Durchfällen und Bauchkrämpfen führen. Sorbit ist auch oft ein Bestandteil von Emulgatoren, anderen Zuckeraustauschstoffen (E 432 bis E 436) und Zahncremes, -gels und -pasten.

Zahncreme ohne Sorbit

Leider ist Sorbit auch Bestanteil vieler Zahnpflegeprodukte. Auch wenn man diese nicht schluckt, wird das enthaltene Sorbit über die Mundschleimhaut aufgenommen, was bei sehr empfindlichen Menschen zu Problemen führen kann. Sorbitfreie Zahnpflegeprodukte gibt es in Reformhäusern, im Naturkostladen, Drogerien und teilweise in Apotheken.
Kleine Kinder schlucken beim Zähneputzen gerne die Zahncreme runter, weshalb man auf sorbitfreie Zahncreme achten sollte.

Hier ein paar Beispiele.

- Ajona (linsengroße Menge je Putzvorgang)
- Dentinox Kinderzahncreme ohne Fluorid
- Dentofit coolfresh
- Donto Dent White + Easy Gel
- Dr. Hauschka, diverse
- Sanoll Zahnpaste Echinacea Salbei
- Urtekram Eukalyptus
- Weleda, diverse, auch Kinderzahncremes

Fructose in Getränken und Lebensmitteln

Günstige, erlaubte Getränke

Ohne Einschränkung sind die nachfolgenden Getränke erlaubt:

- **Wasser**, jede Form von reinem Wasser, auch Leitungswasser, ist gesund und sollte reichlich getrunken werden.
- **Tafelwasser** ist meistens eine Mischung aus diversen Wassern, angereichert mit Mineralien. Das Wort Tafelwasser steht nicht zwangsläufig für geprüfte Qualität.
- **Mineralwasser** ohne Zusätze, genauer gesagt, ohne fructose- und sorbithaltige Zusätze, ist, neben gutem Leitungswasser, das gesündeste Getränk.
- **Roibuschtee** natur ist ein Klassiker, kommt aus Südafrika und schmeckt fast allen. Er ist auch für Kinder gut geeignet.
- **Kräutertee** kann sehr vielfältig sein. Meistens werden Mischungen angeboten. Mischungen mit Früchtetees, beispielsweise für aromatisierte Tees, sind ungünstig.
- **Schwarzer Tee** ist ein Getränk, das es in vielen Geschmacksvarianten gibt.
- **Grüner Tee,** richtig zubereitet, ist ein leckeres Getränk. Wenn man, wie angegeben, einen Teebeutel für eine Tasse verwendet, schmeckt er meistens zu kräftig. Gute Grüntees können mehrfach aufgegossen werden, wobei der zweite und dritte Aufguss die schmackhaftesten sind.
- **Weißer Tee** ist ein Grüntee, der sehr gut ist und mit zu den besten Tees zählt.
- **Lapachotee** hat einen kräftigen Geschmack, den nicht jeder mag.

- **Kakaoschalentee** schmeckt vor allem in Verbindung mit Roibuschtee sehr gut.
- **Kaffee** ist ein Genussmittel und kann als solches in geringer Menge genossen werden.
- **Mate** ist ein anregender Tee aus Südamerika, der in seiner Heimat extrem stark getrunken wird, was unserem Geschmacksempfinden nach zu kräftig ist. Für den Genuss dieses Tees, den es geröstet und ungeröstet gibt, werden in Südamerika besondere Trinkgefäße benutzt. Hier bei uns wird er wie ein schwarzer Tee aufgegossen. Je kürzer er zieht, desto milder schmeckt er. Der ungeröstete ist grün und schmeckt etwas nach Heu, der geröstete ist braun und schmeckt rauchig.
- **Milch** kann sogar die Fructoseintoleranz lindern.
- **Pfefferminztee** ist genauso verträglich wie die marokkanische Nanaminze, auch bekannt als Spearmint.
- **Cola Light, Cola Zero** sind erlaubt, aber nicht besonders gesund, denn sie enthalten Aspartam oder andere Zuckerersatzstoffe, die die Verdauung anregen.

Ungünstige Getränke

- **Bier,** in geringer Menge, wird meistens vertragen.
- **Colagetränke** mit Zucker sind natürlich alle ungeeignet.
- **Früchtetees** sind auch ungesüßt nur in kleiner Menge verträglich, wenn eine geringe Menge Fructose vertragen wird. Dann sollte allerdings besser eine entsprechende Menge Obst oder Gemüse gegessen werden.
- **Fruchtnektare** bestehen nur zum Teil aus Früchten, der Rest ist Wasser. Zucker darf hinzugefügt werden.
- **Fruchtsäfte** bestehen aus einem hohen Anteil Früchten und dürfen etwas gezuckert werden.
- **Fruchtsaftgetränke** haben einen geringen Fruchtanteil, sind aber meistens stark gesüßt.
- **Getreidekaffee** und **Kaffee aus Zichorie** kann zu fructosehaltig sein.
- **Glühwein** ist ungeeignet.
- **Hafergetränke** enthalten fruchteigene Fructose.
- **Liköre** enthalten viel Zucker, Fruchtliköre enthalten fruchteigene Fructose.
- **Limonaden** enthalten eine geringe Fruchtmenge, Zucker oder Zuckeraustauschstoffe, wie Sorbit sowie Kohlensäure.
- Bei **Sekt** gilt, je süßer, desto mehr Fructose ist enthalten.
- **Sojagetränke** enthalten fruchteigene Fructose.

- **Klare Spirituosen** sind fructosearm.
- **Wasser mit „Geschmack“** kann Sorbit oder andere unverträgliche Zuckeraustauschstoffe enthalten.
- **Wein**, je süßer der Wein, desto unverträglicher ist er.

Günstige, erlaubte Lebensmittel

Fast ohne Einschränkung sind die nachfolgenden Lebensmittel erlaubt:

- **Backwaren** siehe Getreideprodukte auf der folgenden Seite. Vollkornprodukte werden anfangs schlechter vertragen.
- **Blattsalat** sollte möglichst frisch verzehrt werden, denn er verliert schnell seine Vitamine. Jede Art ist geeignet. Eisbergsalat (Eissalat) schmeckt nicht nur frisch; ganz kurz gedünstet und mit Kräutern oder Gewürzen abgeschmeckt, ist er ein gutes Gemüse.
- **Buchweizen** wird meistens recht gut vertragen. Gekocht als Beilage oder gemahlen in Backwaren schmeckt er kräftig aromatisch. Sollte der Anteil in Backwaren hoch sein, muss ein Verdickungsmittel wie beispielsweise Guarkernmehl zu 1 % zugefügt werden.
- **Chicorée** schmeckt mild, sofern die Blätter nicht grün sind. Der kräftige, oft bittere Geschmack steckt im Strunk, der nach Bedarf entfernt werden kann. Chicorée muss dunkel und kühl gelagert werden, denn er wächst sonst weiter und wird kräftiger im Geschmack. Idealerweise wird er im Kühlschrank, eingewickelt in ein feuchtes Tuch, aufbewahrt und bald als Salat oder Gemüse verzehrt. Gedünstet und mit Zitrone abgeschmeckt, ist er ein leckeres Gemüse und mit Speiseöl und Zitrone oder Essig ein leckerer Salat. Abgerundet wird der Geschmack mit Schmand oder einem Naturjoghurt.
- **Dextrose / Glukose / Traubenzucker** (siehe Seite 42)
- **Dinkelsirup** (siehe Seite 42)
- **Eier** sind in jeder Form und Menge erlaubt.
- **Essig** sollte zuckerfrei sein. Da man ihn nur in geringer Menge verzehrt, wird er von den meisten Menschen mit Fructoseintoleranz vertragen.
- **Essigessenz** wird nur in geringer Menge verwendet. Ich würde sie, sofern möglich, durch Limette oder Zitrone ersetzen, denn beide enthalten Vitamin C und sind dadurch gesünder.
- **Feldsalat** schmeckt wunderbar nussig und ist vitaminreich.
- **Fette** wie Butter, Margarine, Schmalz sind ohne Einschränkung geeignet.
- **Fisch** sollte frisch sein oder als Konserve keinen Zusatz von Zucker enthalten. Die beliebte Tomatensoße enthält Zucker!

- **Fleisch** ist in jeder Form fructosefrei. Wurstwaren enthalten oft Zucker oder Glukosesirup, der nicht immer fructosefrei ist.
- **Geflügel** ist genauso fructosefrei wie Fleisch und Fisch. Geflügelwurst muss zuckerfrei sein.
- **Getreideprodukte**, die zuckerfrei sind, also Brot, Brötchen und Nudeln. Weizen und Dinkel werden oft besser vertragen. Leider wird vielen Broten und Brötchen Zucker zugefügt, ohne dass es offen deklariert ist. Fragen Sie also genau nach dem Inhalt. Eine gute Bäckerei sollte eine Liste der Zutaten haben. Vollkornmehle haben einen etwas höheren Fructosegehalt als das helle Mehl (Type 405), welches früher auch Auszugsmehl genannt wurde.
- **Hefe**, ob frisch oder trocken, ist fructosefrei. Sie benötigt keinen Zucker als Hilfsmittel zum Treiben. Er verstärkt das Aufgehen, ist aber nicht notwendig.
- **Hefeextrakt** ist ein Geschmacksverstärker und fructosefrei, allerdings enthalten Produkte mit Hefeextrakt manchmal auch Zucker.
- **Kaffee** in kleiner Menge darf getrunken werden.
- **Kichererbsen** gibt es meistens getrocknet. Sie werden 12 bis 24 Stunden eingeweicht und gekocht.
- **Kochbanane**, grün, schmeckt statt Kartoffeln wunderbar, wenn sie halbiert in der Pfanne mit einem guten Speiseöl gebraten wurde.
- **Laktose** (Milchzucker) wird, sofern keine Laktoseintoleranz besteht, gut vertragen.
- **Löwenzahnblätter,** frisch vom Feld geschnitten, sind eine vitaminreiche Salatbeigabe. Je älter die Blätter sind, desto bitterer schmecken sie.
- **Mayonnaise** enthält meistens Zucker, außer man stellt sie selbst her, was nicht schwierig ist, nur ein wenig Geduld erfordert (siehe Seite 71).
- **Meeresfrüchte** sind allesamt fructosefrei. Bei Konserven bitte auf die Zuckerfreiheit achten.
- **Meerrettich** gibt es im Glas oder frisch. Der frische wird gerieben.
- **Milch** ist ohne Einschränkung erlaubt und macht Fructose sogar verträglicher.
- **Milchprodukte** von Kuh, Schaf und Ziege sind alle erlaubt, sofern sie zuckerfrei sind.
- **Nüsse**, außer Erdnüsse, sind gute und gesunde Vitaminspender. Doch wer auf das Gewicht achten muss sollte wissen: Sie sind sehr kalorienreich und man gerät leicht in Versuchung, eine zu große Menge zu naschen.
- **Portulak** ist ein weniger bekannter Salat, der nussig schmeckt.
- **Reis, Reiswaffeln** sind fructosearm und gut verträglich. In der Karenzzeit eine gute Alternative zur Kartoffel.
- **Reissirup** (siehe Seite 43)

- **Speiseöle** sind allesamt erlaubt. Natürlich sind Speiseöle, die kalt gepresst wurden, am gesündesten. Ausführliche Informationen dazu finden Sie im Anhang (Seite 165).
- **Stärkemehle** wie Mais-, Weizen- und Kartoffelstärke sind zwar nicht besonders gesund, aber fructosearm.
- **Wurstwaren,** ohne Zucker oder Glukose, sind problemlos erlaubt.

Eingeschränkt erlaubte Lebensmittel

- **Quinoa** kommt aus den Anden, ist gesund und schmeckt nussig, gekocht als Beilage oder gemahlen im Brot. Es empfiehlt sich für die glutenfreie Ernährung.
- **Amaranth** kommt wie Quinoa aus den Anden und schmeckt gemahlen zusammen mit einem Verdickungsmittel im Brot oder gekocht als Beilage.
- **Hirse** wächst eigentlich fast weltweit, wird aber in Europa selten angebaut. Es gibt viele verschiedene Sorten. Hirse sollte vor dem Kochen gewaschen werden, denn sie kann sonst etwas ranzig schmecken.
- **Kartoffeln** sind in kleiner Menge erlaubt. Die Verträglichkeit kann verbessert werden durch Schälen, Kleinschneiden und 12-stündiges Wässern.

Ungünstige Lebensmittel

Alle Süßigkeiten und Nachspeisen, die Zucker oder Sorbit enthalten, sind ungeeignet sowie alle nachfolgenden Lebensmittel:

- **Algen / Meeresgemüse** enthalten einen hohen Fruchtzuckeranteil.
- **Brote** und **Brötchen**, die zuckerhaltig sind. Erkennbar daran, dass sie beim Toasten besonders schnell braun werden. Vollkornprodukte werden schlechter vertragen als Backwaren aus hellem Weizen- und Dinkelmehl.
- **Cornflakes**, auch ohne Zucker, denn sie bestehen aus fructosehaltigem Mais.
- **Erdnüsse** enthalten natürliches Sorbit.
- **Gebäck, Kuchen, Torten** und Backwaren jeder Art, mit Zucker oder aus Vollkornmehl, sind nicht verträglich.
- **Gelee** enthält Fruchtsaft und Zucker.
- **Gemüse**, je nach Sorte (siehe Seite 60 ff.)
- **Haferflocken** werden sehr unterschiedlich vertragen. Probieren Sie nach der Karenzzeit eine kleine Menge aus.
- **Ketchup** enthält nicht nur Tomaten, sondern auch sehr viel Zucker.

- **Marmeladen** enthalten neben Früchten auch Zucker.
- **Konserven** mit Zucker sind natürlich völlig ungeeignet.
- **Mais, Maisstärke** enthält viel fruchteigene Fructose.
- **Mayonnaise**, gekaufte, enthält Zucker. Selbst hergestellte ist erlaubt, sofern der Essig darin vertragen wird.
- **Obst** (siehe Seite 56)
- **Obstessig** in großer Menge. Die Menge muss individuell getestet werden.
- **Senf** enthält oft Zucker und ist dann ungeeignet.
- **Soja** enthält fruchteigene Fructose.
- **Toastbrot** enthält meistens Zucker. Da Toastbrot auch ohne Zucker schmeckt, kann es selbst gebacken werden.
- **Trockenobst** enthält sehr viel fruchteigene Fructose.

Fructose in Obst und Gemüse

Günstiges Obst

Manche Obstsorten schmecken süß, weil sie einen hohen Traubenzuckergehalt haben. Ist dieser sogar höher als der Fruchtzuckergehalt, wird das Obst relativ gut vertragen. Das Verhältnis dieser beiden Zucker ist entscheidend für die Verträglichkeit, die leider individuell so verschieden ist, dass letztlich doch jedes Obst und Gemüse vorsichtig getestet werden muss. Dazu kommt, dass die Werte je nach Sorte und Ernte schwanken.

- **Avocados** müssen butterweich und ohne dunkle Flecken sein. Sie schmecken am besten mit etwas Salz und Pfeffer. Sie gehören zum Obst, denn sie sind mehrjährig wie jedes Obst und nicht einjährig wie Gemüse. Sie wachsen auf Bäumen und enthalten sehr wenig Fructose, obwohl sie leicht süß schmecken. Sie werden halbiert, vom Kern befreit, gewürzt und gegessen. Hebt man eine Hälfte auf, bleibt diese frischer, wenn der Kern mit verpackt wird, am besten in einer Folie. Avocados nicht im Kühlschrank aufbewahren, denn dann werden sie schneller schwarz.
  Es gibt verschiedene Avocadosorten, die sich in Form (oval bis birnenförmig) und Farbe (grün bis schwarz) unterscheiden. Suchen und finden Sie die für Sie leckerste und essen Sie davon in vielen Varianten (siehe Seite 76), denn Sie haben damit eine gute Vitaminquelle.
  Avocados werden durch Erhitzen bitter.

Angeschnitten an der Luft gelagert, werden sie dunkel, was durch ein paar Tropfen Zitronen- oder Limettensaft verhindert wird.
Beim Kauf sind die Früchte meistens noch hart. Wenn die Schale auf Druck leicht nachgibt, sind sie zum Verzehr geeignet. Wer sie schneller weich und damit essbar haben möchte, sollte sie zusammen mit einem Apfel in Zeitungspapier einwickeln. Die Reifungsgase, die der Apfel abgibt, bewirken, dass die Avocados schneller nachreifen.

- **Limetten** sind sehr vitaminreich und geschmacksintensiv. Schon ein paar Tropfen Limettensaft können einen Napfkuchen aromatisieren oder eine Süßspeise verfeinern. Eine kleine Menge, pur oder mit Traubenzucker, ist eine gute Vitamin-C-Quelle. Limetten sind kleiner als Zitronen und grün.
- **Papayas** bekommt man selten frisch. Allerdings kann Ihr Lebensmittelhändler sie bestellen. Fragen Sie danach. Meistens bekommt man sie „verzehrfertig". Sie sind groß wie 2 bis 3 Fäuste, oval, ähnlich einer Birne und haben eine grüne, dünne Schale mit gelben Flecken. Sie wachsen ganzjährig in tropischen Gebieten, werden halbiert und ausgelöffelt, nachdem man die Kerne mit einem Löffel herausgeschabt hat. Wenn man die Papayas in Würfel oder Scheiben schneiden möchte, ist es praktischer, sie zuerst zu schälen. Das geht mit einem scharfen Messer oder einem Sparschäler, danach erst halbieren, entkernen und klein schneiden.
  Halbiert man sie an der kurzen Seite, entdeckt man ein sternförmiges Innenleben, das sich, vor allem in der Weihnachtszeit, auf dem Obstteller oder einem Kuchen zum Gestalten anbietet.
  Papayas haben einen süßen Geschmack, der vom hohen Traubenzuckeranteil kommt. Sie werden im reifen Zustand roh, gebraten oder gebacken gegessen, schmecken pur oder zu Quark und Joghurt. Unreif schmecken Papayas auch gekocht oder, mit Hackfleisch gefüllt, im Backofen gebacken. Getrocknet, natürlich ohne Zucker, sind sie besonders lecker. Die vielen gesunden Vitamine und Enzyme der Papaya gehen durch das Trocknen nicht verloren. Wer die Möglichkeit hat, Obst zu trocknen, sollte sich einen kleinen Trockenvorrat anlegen. Die Papaya dafür in große Stücke schneiden, denn der Flüssigkeitsanteil ist sehr groß und zu dünne Scheiben werden papierähnlich und geschmacksarm.
- **Zitronensaft** (Limone) im Salat statt Essig oder in einer Süßspeise wird von vielen vertragen, zumal Zitrone geschmacksintensiv ist und einige Tropfen meistens schon ausreichen. Eine kleine Menge, pur oder mit Traubenzucker, ist eine gute Vitamin-C-Quelle.

Eingeschränkt günstiges Obst, in kleiner Menge

Wenn Sie unter einer stark ausgeprägten Fructoseintoleranz leiden, werden Sie kein oder kaum Obst essen können, auch das unten aufgeführte nicht.
Sollte aber etwas davon verträglich sein, so kann schon beispielsweise eine halbe Nektarine, nett auf einem Teller hergerichtet oder als Zutat in einem Joghurt, ein Hochgenuss sein.
Übrigens gibt es eine Untersuchung zum Genuss von Schokolade, bei der festgestellt wurde, dass ein Riegel, in Stücke gebrochen und erst dann gegessen, als wohlschmeckend empfunden wird, als wenn er unzerbrochen verzehrt wird. Bei dem Versuch handelte es sich um die gleiche Schokolade. Das lässt sich sehr gut auch auf andere Genussmittel – in unserem Fall also Obst – übertragen: Zelebrieren Sie die kleine Menge, die Sie vertragen (das beginnt schon mit der Dekoration auf einem Teller), und Ihr Genuss ist größer.
Etwas Dextrose, also Traubenzucker, danach oder dazu gegessen, kann die Verträglichkeit noch erhöhen. Streuen Sie ihn, wie in einem guten Restaurant, mit einem Sieb darüber und es sieht noch appetitlicher aus.

- **Aprikosen / Marillen** enthalten nur wenig Fructose und viel Traubenzucker und schmecken am besten getrocknet und ungeschwefelt. Eine kleine Menge könnte also verträglich sein, jedoch wirklich nur eine kleine, denn der Sorbitgehalt ist leider hoch.
- **Bananen** werden in kleiner Menge häufig vertragen, vor allem, wenn sie reif sind. Das muss aber individuell getestet werden. Eine kleine Menge bedeutet, nur ein Teil einer Banane.
- **Cranberries** pur schmecken bitter, können aber mit Traubenzucker gesüßt werden. Man bekommt sie allerdings selten ungezuckert. Die roten Beeren enthalten wenig Fructose. Kleine Mengen Saft, sind eine gute Vitaminquelle. Leider sind die meisten angebotenen Säfte auch mit Zucker oder Honig gesüßt.
- **Gojibeeren** sind fructosearm und werden getrocknet angeboten. Sie enthalten viel Glukose und sind vitaminreich. Sie können pur oder in Müslis gegessen werden. Schon wenige sind ein guter Vitaminspender.
- **Grapefruit** ist vitaminreich und gesund. Man kann sie nach Bedarf mit Traubenzucker süßen und in kleiner Menge genießen. Bitte beachten: Die meisten Medikamente verändern ihre Wirksamkeit, wenn man zeitnah zu ihrer Einnahme Grapefruit konsumiert.
- **Holunderbeersaft** muss gesüßt werden, schmeckt dann aber schon in kleiner Menge köstlich. Holundersuppe gehörte zum klasssichen Rezeptrepertoire unserer Großmütter.

- **Johannisbeeren** schmecken intensiv. Kleine Menge, großer Geschmack. Für einen Joghurt oder eine Marmelade mit Traubenzucker gut geeignet.
- **Kaktusfeigen** bekommt man eher selten. Vorsicht beim Anfassen, denn nicht immer sind alle Stacheln entfernt worden. Haben Sie doch einen erwischt, können sie ihn mit Paketklebeband entfernen, weil der Stachel daran kleben bleibt. Die Kaktusfeige hat die Form eines großen Eis. Die beiden Enden werden abgeschnitten. Dann folgt ein Längsschnitt, und die Schale wird anschließend von diesem Schnitt aus in beide Richtungen abgeschält. Die Kerne kann man mitessen.
- **Keimlinge** aus Getreide und Saaten sind vitaminreich und gesund. Sie können zu Hause selbst gezogen werden. Eine kleine Menge wird meistens gut vertragen. Dazu mehr auf Seite 68.
- **Kokosnuss** muss zunächst richtig geöffnet werden. Dafür gibt es viele Theorien. Will man das enthaltene Kokoswasser retten, wird sie an einer der Dellen angebohrt, damit es aufgefangen werden kann. Danach wird die Kokosnuss zersägt. Das Fleisch kann frisch und getrocknet gegessen werden. Getrocknet und gemahlen ist Kokosfleisch ein wichtiger Bestandteil in der Weihnachtsbäckerei.
- **Kokosmilch oder -creme** wird aus dem pürierten Fruchtfleisch gewonnen und kann wie Schlagahne im Essen verwendet werden.
- **Litschis** haben einen hohen Traubenzuckergehalt und werden deshalb in kleiner Menge relativ gut vertragen. Frisch kann man sie vor allem im Winter kaufen. Die harte Schale wird wie von einem Ei abgepellt. Sie schmecken intensiv, köstlich und saftig.
- **Mandarinen** in kleiner Menge können verträglich sein.
- **Oliven** gehören ebenfalls zum Obst wie die oben erwähnten Avocados, weil sie mehrjährig sind. Wer sie liebt, isst sie pur, auf Pizza, zu Pasta und zu vielen anderen Gerichten. Sie haben einen kräftigen Geschmack und schmecken besonders gut, wenn sie in Olivenöl eingelegt sind. Die meisten Vitamine enthalten die dunklen Früchte.
- **Pfirsich** ist in geringer Menge erlaubt, natur oder in Joghurt.
- **Quitten** sind ebenfalls in kleiner Menge erlaubt. Zusammen mit Fleisch gedünstet sind sie eine Delikatesse. Quittensaft, mit Traubenzucker gekocht, ergibt ein Gelee.
- **Rhabarber** kann man pur kaum genießen. Nach dem Schälen in Stücke schneiden, mit ganz wenig Wasser und viel Dextrose oder Dinkelsirup kochen und als Nachspeise essen.
- **Sanddorn** ist schon deshalb gut, weil eine sehr kleine Menge schon viel Geschmack abgibt und reich an Vitamin C ist. Er zählt zu den wenigen Pflanzen, die auf Dünen gedeihen. Frisch bekommt man ihn selten – außer

im Herbst an der Ostsee. Sein Saft schmeckt so sauer, dass er fast immer mit Zucker oder Honig gesüßt wird.

- **Stachelbeeren** sind in kleiner Menge erlaubt. Mit Traubenzucker lässt sich aus ihnen eine aromatische Konfitüre kochen.
- **Pflaumen** oder **Zwetsch(g)en.** Nichts geht über ein kleines Stück Kuchen, gesüßt mit Traubenzucker oder Dinkelsirup und ein paar Zwetsch(g)en! Der Kuchen kann in Portionen tiefgefroren werden.
- **Zuckermelone / Honigmelone** enthält mehr Glukose als Fructose und ist deshalb in kleiner Menge erlaubt.

Ungünstiges Obst

Leider sind außer den vorher genannten Obstsorten alle ungünstig. Je reifer und süßer, desto höher der Fructosegehalt. Einige der aufgezählten, eingeschränkt günstigen Sorten haben einen hohen Traubenzuckergehalt und sind dadurch etwas besser verträglich.
Zubereiten, also beispielsweise Kochen, reduziert den Fructosegehalt nur gering oder auch gar nicht. Auch durch Trocknen verändert sich nichts. Trockenobst, außer Gojibeeren und Papaya, ist schon deshalb noch ungünstiger, weil die Menge geringer ist und man mehr davon verzehrt.
Saures Obst wie beispielsweise Sauerkirschen, Johannisbeeren und fruchtiges Obst wie Zitrusfrüchte, enthalten ebenfalls viel Fructose und teilweise sogar fruchteigenes Sorbit wie Birnen, Pflaumen und Äpfel.

Günstiges erlaubtes Gemüse und Salate

Die folgenden Gemüse und Salate sind fast ohne Einschränkung erlaubt. Die Menge, die keine Beschwerden macht, darf gegessen werden. Ganz sollte man ohnehin nicht auf Fructose verzichten, denn das würde die Beschwerden möglicherweise verschlimmern.
Bitte denken Sie daran, wenn Sie ein erlaubtes Gemüse nicht vertragen, könnte auch eine andere Unverträglichkeit, beispielsweise eine Allergie, dahinter stecken. Mit stark ausgeprägter angeborener Fructoseintoleranz wird man möglicherweise nur die Blattsalate vertragen.

- **Avocado** hat wenig Fructose, ist ein Obst und wird auch dort erläutert (Seite 52). Rezepte finden Sie bei Gemüse, denn als solches wird es verzehrt.
- **Bambussprossen** gibt es im Asienladen, leider selten frisch. Frisch sind sie mindestens faustgroß und werden klein geschnitten und gedünstet. In den

Konserven oder im Glas ist meistens kein Zucker enthalten, sie sind also erlaubt.

- **Blattsalat** ist in kleiner Menge und in jeder Art erlaubt. Frisch verzehrt ist er eine gute Vitaminquelle.
- **Chicorée** ist ein etwas bitter schmeckender Salat, der milder wird, wenn man ihn geschnitten wässert. Gedünstet schmeckt Chicorée sehr kräftig.
- **Endiviensalat** ist besonders arm an Fructose.
- **Feldsalat / Nusssalat** schmeckt köstlich und ist eine gute Vitaminquelle.
- **Kichererbsen** (getrocknet) muss man mindestens 12 Stunden einweichen, bevor man sie als Suppeneinlage, als Grundlage für Falafel, als Püree oder im Eintopf essen kann. Sie werden auch gekocht als Konserve angeboten.
- **Kochbananen / Batata / Batate** werden im grünen Zustand geschält und entweder gekocht oder, besser noch, in Öl gebraten. Schält und backt man sie, wenn sie reifer sind, was daran zu erkennen ist, dass die Schale schwarze Stellen hat und der Rest der Schale gelb ist, sind sie deutlich süßer und könnten dann weniger gut verträglich sein. Kochbananen können als Gemüse und als Kartoffelersatz gegessen werden.
- **Löwenzahnblätter** schmecken ein bisschen wie Rucola. Je jünger, desto zarter und milder sind sie.
- **Mangold** wird ähnlich wie Spinat zubereitet. Sind die Stiele dick, werden sie zuerst gegart und dann die Blätter beigefügt. Beides wird natürlich vorher kleiner geschnitten.
- **Pastinaken** werden wie Karotten zubereitet, benötigen aber etwas weniger Zeit. Ein mild und nussig schmeckendes Gemüse.
- **Petersilienkraut** ist in beliebiger Menge erlaubt. Es sollte in warmen Gerichten nicht lange mitgekocht werden. Klein gehackt im Salat oder in einer Avocadocreme ist Petersilie eine echte Delikatesse. Die glatte ist etwas aromatischer als die krause. Die Wurzel ist mit Einschränkungen erlaubt.
- **Pilze**, vor allem Champignons, gibt es frisch zu fast jeder Jahreszeit. Sie lassen sich schnell und schmackhaft zubereiten und haben einen geringen Fructosegehalt. Gut verträglich sind Steinpilze, die auch getrocknet angeboten werden. Ein bis zwei Stunden in heißem Wasser eingeweicht, können sie dann gekocht werden. Sie geben ein gutes Aroma ab und veredeln viele Pasta- und Risottogerichte. Durch das Trocknen verlieren sie nicht ihre Vitamine und Mineralien.
  Austernpilze benötigen auch nur eine kurze Zubereitungszeit und schmecken köstlich, beispielsweise zu Reis.
- **Radicchio** schmeckt sehr intensiv und leicht bis stark bitter.
- **Rucola / Rauke** schmeckt leicht bitter und ist eine wunderbare Ergänzung zu Blattsalat. Klein geschnitten kann sie aber auch als Gewürz benutzt werden.

- **Salatgurke** eignet sich neben dem bekannten Salat auch für eine wunderbare, schnelle Suppe (Seite 93).
- **Sauerkraut** ist roh und gekocht geeignet und gesund für die Darmflora.
- **Schnittlauch** ist in jeder beliebigen Menge erlaubt und passt sehr gut zu kalten Gerichten oder Quark und für Salatsoßen. Er ist zudem vitamin- und mineralhaltig.
- **Speiserübe / Bayerische Rübe / Mairübe / Teltower Rübe / Rübchen** kann roh und gekocht oder gedünstet gegessen werden.
- **Spinat** wird bei uns frisch vom Frühjahr bis in den Herbst angeboten. Er ist schnell zubereitet. Etwas klein geschnitten und kurz in einer Brühe gekocht, ist er eine leckere Beilage zu Kartoffeln und Kartoffelbrei. Junger Spinat eignet sich auch gut für Salat.
- **Zucchini** ist ein beliebtes Gemüse, das schnell zubereitet ist. Es gibt zahlreiche Rezepte, vor allem in der Mittelmeerküche.

Eingeschränkt günstiges Gemüse

Vor allem zu Beginn der Karenzzeit, also in der Zeit nach der Diagnose einer erworbenen Fructoseintoleranz, sollte man auf nachfolgende Gemüse zunächst verzichten und sie später in geringer Menge wieder probieren. Solange eine kleine verzehrte Menge keine Beschwerden verursacht, ist sie erlaubt.

- **Aubergine.** Ihr Fructosegehalt scheint schwankend zu sein, weil man sehr unterschiedliche Angaben darüber findet. Sie müssen die Verträglichkeit daher für sich in geringer Menge ausprobieren oder besser verzichten. Die Aubergine wird zunächst aufgeschnitten und mit Salz bestreut, das nach einer Weile abgewaschen wird. Das Vorsalzen verhindert das Braunwerden und zieht Wasser. Dieses Vorbereiten ist aber nicht unbedingt nötig. Die Aubergine schmeckt am besten, wenn sie mit etwas Speiseöl eingepinselt und dann im Backofen gegart wird. Sie in der Pfanne mit Öl zu braten, ist ungünstig, denn sie zieht sehr viel Öl und brennt dann an. Als ganze Frucht auf dem Grill gebraten, schmeckt sie wunderbar saftig.
- **Grüne Bohnen** sind erlaubt. Sie dürfen nicht roh verzehrt werden und schmecken gedünstet am besten.
- **Blumenkohl** kann ganz oder in Röschen zerteilt gedünstet werden. Er schmeckt gut mit einer Sahnesoße und ganz viel Petersilie, aber auch mit Butterbröseln oder gebraten.
- **Brokkoli** ist schnell zubereitet. Der Stiel wird geschält oder die Haut wird abgezogen. In Stücke geschnitten kann er genau wie der Rest gedünstet werden. Eine kleine Portion sollte verträglich sein.

- **Chinakohl** war früher tatsächlich, wie der Name schon sagt, dass Hauptgemüse der Chinesen für den Winter. Die äußeren Blätter wurden entfernt, kleingeschnitten und nur kurz gegart. Auf dem Land wurde und wird er in großer Menge vor der Tür gelagert. In den Städten ist das nicht mehr der Fall, weil heute jeder einen Kühlschrank hat. Bei uns ist er inzwischen fast ganzjährig erhältlich. Man kann ihn als Gemüse, aber auch als Salat zubereiten.
- **Erbsen** schmecken frisch aus dem Garten am besten. Sie werden aus ihren Schalen gepult und gekocht. Man bekommt sie als Tiefkühlkost oder Konserven.
- **Grünkohl** wird vor allem in Norddeutschland gegessen. Er wird mit viel Fett möglichst lange gekocht, hat einen süßlichen und intensiven Geschmack. Eine kleine Portion sollte vertragen werden.
- **Kartoffeln** haben ihren Ursprung in Südamerika und sind gekocht, frittiert oder gebraten schon längst ein wichtiger Bestandteil der mitteleuropäischen Küche. In einigen Ländern der Welt werden sie aber wie Gemüse zubereitet. Dazu gibt es dann oft Reis. Durch zu viel Licht bei der Lagerung oder, wenn sie auf dem Acker nicht in der Erde waren, bildet sich das giftige Solanin. Die Kartoffeln werden dann grün. Daher muss das Grüne unter der Schale großzügig entfernt werden, denn es ist auch nach der Zubereitung noch giftig. Rohe Kartoffeln sind nicht für den Verzehr geeignet. Die Kartoffeln werden besser verträglich, wenn man sie vor der Zubereitung 12 Stunden in Wasser legt.
- **Linsen** schmecken nach dem Einweichen wunderbar als Linseneintopf oder Suppe. Sie können jedoch Blähungen verursachen.
- **Okra** ist eine ursprünglich aus Afrika stammende Gemüsepflanze. Man bekommt sie in Gemüsefachgeschäften und Asialäden. Okra kann roh, mariniert oder gekocht verzehrt werden. Der beim Kochen entstehende Schleim wirkt als Bindemittel.
- **Pastinake** ist äußerlich leicht zu verwechseln mit der Petersilienwurzel. Sie schmeckt nussig mild und wird ähnlich wie eine Karotte zubereitet. Brät man sie zu lange, wird sie bitter.
- **Petersilienwurzel** schmeckt gerieben im Salat oder gekocht als Bestandteil einer Suppe und ergibt auch ein wunderbares Püree. Sie schmeckt intensiver als die Pastinake und ist süßlich.
- **Radieschen** schmecken roh aufs Brot mit oder ohne Quark und im Salat. Etwas Salz darauf und sie sind essfertig.
- **Rettich** schmeckt nicht mehr so scharf, wenn dünne Scheiben gesalzen und später abgewaschen werden. Weniger bekannt ist, dass man ihn auch wie Gemüse kochen kann.

- **Rosenkohl** macht etwas Arbeit beim Putzen, schmeckt kräftig und ist, gedünstet und mit ein wenig in Butter gebratenen Mandelscheiben, ein beliebtes Herbst- und Wintergemüse.
- **Schwarzwurzeln** werden auch Winterspargel genannt, weil sie zwischen Oktober und April geerntet werden. Man muss die langen Wurzeln etwas mühsam mit einem Spargel- oder Sparschäler schälen, was am besten mit Handschuhen geht. Die Mühe lohnt sich! Sie werden dann wie Spargel zubereitet und schmecken mild, leicht nussig und lecker.
- **Sellerie** ist in kleiner Menge erlaubt. Dazu kommt, dass der Geschmack so intensiv ist, dass eine geringe Menge in einem anderen Gemüse oder im Reis schon durchschmeckt. Sellerie wird aber nicht von allen Menschen vertragen, er gehört zu den Hauptallergieauslösern. Sellerieknollen, in Scheiben geschnitten, gekocht und anschließend gebraten, schmecken überraschend gut. Ansonsten gehört Sellerie in jede gute Gemüsesuppe.
- **Spargel** ist ein beliebtes Frühjahrsgemüse, auf das viele warten. Die Stärke der Stangen hat keinen Einfluss auf den Geschmack. Ich kaufe gerne auch die ungleich dicken, ganz dicken oder zerbrochenen, denn sie sind deutlich preiswerter und schmecken gedünstet ebenso lecker. So kann man sich häufiger etwas von diesem feinen Gemüse gönnen. Eigentlich ist Spargel bei Fructoseintoleranz nicht geeignet. Allerdings isst man ohnehin nur eine geringe Menge, so dass man diese nach der Karenzzeit probieren sollte. Einige Köche kochen Spargel mit etwas Zucker.
- **Süßkartoffel / Batate** schmecken am besten, wenn man sie halbiert, mit Öl bestreicht und im Ofen wie Backkartoffeln zubereitet. Sie kommen aus den Subtropen und Tropen. Sie schmecken süß und sind eine gute Beilage.
- **Zwiebeln** und **Schalotten** sind in kleiner Menge erlaubt, also einzeln, und werden süß und mild, wenn sie glasig gebraten werden. Der Geschmack ist so intensiv, dass eine geringe Menge schon einen kräftigen Geschmack abgibt.

Ungünstiges Gemüse und Nüsse

- Artischocken
- Dicke Bohnen
- Erbsen in großer Menge (s. o.)
- Erdnuss
- Fenchel
- Gemüsepaprika
- Karotten / Möhren

- Kohlrabi
- Kürbis
- Mais
- Porree / Lauch
- Rotkohl
- Soja / Sojasprossen
- Spargel in größerer Menge (s. vorheriges Kapitel)
- Tomaten
- Weißkohl
- Zwiebeln, mehrere

Getreide, Mehle

Getreide enthält eine mehr oder weniger geringe Fructosemenge. Dabei ist Mehl aus Vollkorngetreide fructosehaltiger als Weißmehl. In der Karenzzeit sollte man versuchen, weitgehend auf Getreideprodukte zu verzichten. Alternativ kann man Reis essen. Zusammen mit einem Verdickungsmittel lässt sich Brot daraus backen. Glutenfreie Brote, die gleichzeitig mais- und zuckerfrei sind, werden ebenfalls vertragen.
Nach der Karenzzeit sind neben Reis auch Weizen, Dinkel, Gerste und Grünkern am günstigsten. Das gängige Weizenmehl Type 405 wird dann meistens am besten vertragen.
Problematisch ist, dass vielen Backwaren Zucker zugefügt wurde.
Brot und Kuchen selber backen ist viel einfacher, als viele glauben. Hefeteig muss aufgehen, was für Berufstätige manchmal ein Zeitproblem ist. Das lässt sich leicht lösen, denn der Teig kann mit einer geringeren Hefemenge auch ganz langsam im Kühlschrank aufgehen. Dafür den Teig abends zubereiten, kühl stellen und am nächsten Abend erst backen.

Kräuter und Gewürze

Die meisten Kräuter werden ohnehin nur in geringer Menge verwendet. Schnittlauch kann völlig unabhängig von der Fructoseintoleranz zu Verdauungsbeschwerden führen. Kräutersoßen, wie sie in einigen Gebieten Hessens gerne gegessen werden, müssen individuell getestet werden. Grundsätzlich sollten sie verträglich sein.
Gewürze werden in so geringer Dosierung angewendet, dass man den Fructosegehalt vernachlässigen kann.

Für Kräuter und die meisten Gewürze gilt, nicht lange mitkochen oder braten, denn sie verlieren schnell ihr Aroma und ihre Vitamine. Pfeffer und Paprika verbrennen in der Pfanne oder beim Grillen und schmecken nicht mehr.
Trockene Kräuter, zwischen den Fingern zerrieben, geben mehr Aroma ab.

Nüsse und Saaten

Bis auf Erdnüsse sind alle Nüsse verträglich. Erdnüsse enthalten viel Sorbit. Werden Haselnüsse nicht vertragen, könnte eine Allergie dahinterstecken.
Nüsse und Saaten sind gesund, weil sie viele Vitamine und ungesättigte Fettsäuren enthalten. Die Verzehrmenge sollte deshalb auf jeden Fall auf die individuelle Verträglichkeit getestet werden.
Die Haupterntezeit für Nüsse ist im Herbst und Winter. Wenn Sie auch im Sommer noch Nüsse genießen wollen, sollten Sie es wie die Amerikaner machen und Nüsse einfach einfrieren.

- Die **Cashewnuss** schmeckt mild, fast süß und kann pur oder leicht angeröstet mit etwas Salz eine echte Delikatesse sein.
- Die **Haselnuss** ist heimisch, beliebt, vor allem in der Weihnachtsbäckerei, und schmeckt auch pur. Leider gehört die Haselnuss zu den Hauptallergieauslösern und wird deshalb von vielen nicht vertragen. Fast alle Rezepte lassen sich aber auch mit Mandelkernen zubereiten.
- **Kürbiskerne** schmecken am besten auf Backwaren oder leicht geröstet. In der Naturmedizin werden sie gegen die Reizblase und Prostatabeschwerden angewendet.
- **Leinsaat** als ganze Saat im Brot verbessert den Geschmack. Sie ist sehr kalorienreich. Leinsaat, in Wasser eingeweicht, hilft gegen Verstopfung.
- **Sesam** schmeckt pur, in Backwaren oder als Sesamkrokant (mit Traubenzucker). Sesam wächst in vielen subtropischen und tropischen Regionen der Erde.
- **Macadamia** wird oft Königin der Nüsse genannt, kommt aus Australien und ist eine sehr feine, wohlschmeckende Nuss, allerding auch eine der teuersten Nüsse.
- **Maronen / Maroni / Esskastanien** enthalten nur wenig Fructose und gehören auf jeden Weihnachtsmarkt. Aber auch zu Hause lassen sie sich schnell zubereiten. Sie sind sehr nahrhaft, und schon wenige machen satt.
- **Mandeln** enthalten Fructose und könnten problematisch sein. Nach der Karenzzeit sind sie aber einen Versuch wert. Aus ihnen lassen sich allerlei Naschereien herstellen, sie schmecken pur, geröstet oder in Fett gebraten

sehr gut zu Salaten und Gemüse. Naschereien lassen sich aber alternativ auch gut mit Haselnüssen herstellen, wenn man diese verträgt.

- Mit **Mohn / Blaumohn** lassen sich saftige Kuchen backen. Schon kleine Mengen auf Brötchen geben ein leckeres Aroma ab.
- Die **Paranuss** kommt aus den Regenwäldern Südamerikas, ist sehr fetthaltig und schmeckt aromatisch. Am besten isst man sie pur – sofern man welche bekommt. Der Import ist nämlich wegen einer EU-Einschränkung stark zurückgegangen.
- **Pekannüsse** gibt es im Lebensmittelhandel sowie in Reformhäusern und Bioläden zu kaufen. Sie sehen ähnlich aus wie Walnüsse und schmecken etwas milder. Sie gedeihen in den warmen Regionen Nordamerikas und sind in den USA eine beliebte Knabberei und Zutat zum Backen.
- **Pinienkerne** sind eine Delikatesse und in kleiner Menge erlaubt.
- **Pistazien** haben eine weißgrüne Schale und werden meistens geröstet und gesalzen angeboten. Sie kommen zu uns vorwiegend aus Griechenland, der Türkei, dem Iran und den warmen Gebieten der USA. Man bekommt sie günstiger in großen Verpackungen in Läden, die arabische und türkische Lebensmittel anbieten.
- **Sonnenblumenkerne** schmecken besonders gut, wenn sie in der Pfanne ohne Fett kurz geröstet werden. In vielen Ländern des Südens werden sie mit den Zähnen geknackt und sind eine Alltagsnascherei, was man an so mancher Bushaltestelle an den Schalenresten auf dem Boden erkennen kann.
- **Walnüsse** gehören zu den gesündesten Lebensmitteln, denn sie haben einen hohen Gehalt an gesunden mehrfach ungesättigten Fettsäuren. Ich empfehle zwei bis drei Stück täglich zu essen.

Bevorratung

Da man nicht jedes Obst und Gemüse verträgt, gibt es Jahreszeiten, in denen man nur ganz wenig Auswahl hat. Daher empfiehlt es sich, einen kleinen Vorrat anzulegen. Beim Einkochen gehen viele Vitamine und Geschmacksstoffe verloren. Es gibt aber auch noch andere Möglichkeiten:
Wer ein Dörrgerät besitzt oder sich anschafft, kann fast alles trocknen. Danach getrocknet essen oder in Wasser einweichen und zusammen mit dem Einweichwasser zubereiten.
Die beste Methode ist allerdings das Einfrieren. Handelt es sich zum Beispiel um Beeren, die nur in geringer Menge verzehrt werden dürfen, ist es sinnvoll, diese auf einem Backblech verteilt einzufrieren. Sobald sie gefroren sind, kann

man sie in einen Beutel mit einem wiederverschließbaren Verschluss füllen und später in der jeweils erwünschten Menge entnehmen.
Die tiefgefrorenen Früchte, die man in Packungen kaufen kann, sollten ebenfalls lose in der Verpackung liegen.
Mit wenigen Beeren im Joghurt und ein wenig Traubenzucker oder Dinkelsirup lässt sich schon eine leckere Nachspeise oder Zwischenmahlzeit zubereiten. Die Beeren sind schnell aufgetaut.

Hilfe bei Verstopfung

Es klingt etwas paradox, aber es gibt Menschen, die keinen Durchfall hatten, sondern „nur" Bauchkrämpfe. Obst und Gemüse enthalten sehr viele Ballaststoffe, die für einen regelmäßigen Stuhlgang wichtig sind. Sie sind aber bei Fructoseintoleranz, wie in den vorigen Kapiteln beschrieben, nur mit Vorsicht zu genießen. Auch Vollkornprodukte werden nicht immer vertragen, denn sie sind fructosehaltiger als Weißmehlprodukte. Wer also durch die Diät Verstopfung bekommt, sollte keine Abführmittel nehmen, sondern nachfolgende Tipps ausprobieren:

- Ein Glas **warmes Wasser,** morgens nach dem Aufstehen, kann Wunder bewirken und sollte zuerst ausprobiert werden.
- **Leinsaat** ist wohl der beste Tipp, denn sie hat keinen Einfluss auf die Darmtätigkeit, sondern umgibt den Dickdarminhalt mit einem Schleim, der den Weitertransport erleichtert. Dafür werden zwei bis drei Esslöffel ganze Leinsaat 12 Stunden in Wasser eingeweicht und getrunken. Danach zusätzlich ein großes Glas Wasser trinken, denn sonst stopft die Leinsaat.
- **Indische Flohsamen** sind pflanzlich und haben nichts mit Flöhen gemeinsam. Sie wirken ähnlich wie Leinsaat und werden auch so zubereitet.
- **Milchzucker/Laktose** regt die Verdauung an, kann aber ebenfalls zu Bauchkrämpfen führen, vor allem, wenn zusätzlich eine Laktoseintoleranz besteht. Milchzucker bekommen Sie in jedem Lebensmittelladen.

Rezepte

Kräuter und Sprossen

Kräuter

Die meisten Kräuter sind sehr fructosearm. Selbst wenn sie etwas mehr Fructose enthalten, ist es sinnvoll, die verträgliche Menge zu verzehren, denn schon eine kleine Menge ist intensiv im Aroma und verhältnismäßig vitaminreich. Wer Kräuter nicht im eigenen Garten oder auf der Fensterbank hat, kann die meisten ganzjährig kaufen. Es lohnt sich, sie in der Erntezeit für den Winter einzufrieren.

Bärlauch

Bärlauch wächst an schattigen Stellen im Garten und im Wald. Bei der Ernte bitte auf keinen Fall mit den giftigen Schneeglöckchen verwechseln. Bärlauch erkennt man an dem intensiven Knoblauchgeruch. Er schmeckt auch nach Knoblauch, wobei der Körper nach dem Verzehr keinen Knoblauchgeruch ausdünstet.

Vor allem, wenn Sie Bärlauch im Wald ernten, muss er vor dem Einfrieren oder dem Verzehr gründlich mit kaltem Wasser abgespült werden.

- Danach klein hacken und verzehren. Bärlauch schmeckt wunderbar im Quark, zu Avocado, auf Brot, in Salat oder mit etwas Speiseöl zu Nudeln.
- Mit einem guten Speiseöl zu Pesto verarbeiten. Dafür die Blätter nach dem Waschen sorgfältig mit einem Tuch trocken tupfen. Möglichst fein hacken, in ein Glas füllen, mit einem guten Speiseöl abdecken und mit einer kleinen Prise Salz abschmecken. Dieser Pesto hält sich im Kühlschrank ein paar Wochen und schmeckt zu Quark, Avocado und vor allem zu Nudelgerichten.

- Zum Einfrieren sollten die Blätter nicht mehr feucht sein. Denn wenn sie mit Wasser benetzt eingefroren werden, lassen sich keine Portionen entnehmen. Entweder die ganzen Blätter einfrieren und direkt nach der Entnahme zerbröseln oder schon vor dem Einfrieren klein hacken. Sie werden wie das frische Kraut verwendet.
- Bärlauch lässt sich im Dörrgerät trocknen. Dafür die ganzen Blätter auf die Siebe legen, nach dem Trocknen zerbröseln und in ein Gewürzglas füllen. Der Geschmack leidet allerdings stark. Als Brotaufstrich oder Pesto ist Bärlauch dann nicht mehr verwendbar.

Dill

Dillspitzen, getrocknet oder frisch, schmecken schon in geringer Menge intensiv, sind der Klassiker zu Gurken und tragen dazu bei, dass diese besser verdaut werden können.
Dill hilft gut gegen Blähungen und Verdauungsstörungen. Er kann auch gut als Tee getrunken werden.

- Einen Teelöffel in einer Bechertasse mit heißem Wasser übergießen; kann nach 10 Minuten getrunken werden und lindert Blähungen.
- Dillspitzen schmecken klein gehackt vor allem im Gurkensalat, aber auch in anderen Kaltgerichten.
- Zu Gurkensuppe sind sie eine Delikatesse und sollten, wie alle anderen Kräuter, nicht mitgekocht werden. Einfach kurz vor dem Servieren einrühren.
- Das ganze Kraut lässt sich gut in einem Beutel oder einer Dose einfrieren. Die gewünschte Portion entnehmen und, noch tiefgefroren, mit den Fingern zerbröseln. Das erspart das vorherige Kleinhacken.
- Dillspitzen gewinnen durch Trocknen an Aroma, ein Grund, sich einen kleinen Vorrat im Sommer zu trocknen oder getrocknete Dillspitzen zu kaufen.

Korianderkraut

Korianderkraut bekommt man nur im Spätsommer und Herbst. Die zarten hellgrünen Blätter, die der glatten Petersilie ähnlich sehen, sind sehr aromatisch und leicht scharf.
Das Kraut ist vor allem in der arabischen und asiatischen Küche, die Saat in unserer heimischen Küche zu finden.

- Klein gehackt und frisch schmeckt das Kraut gut zu Avocado oder auch in einer kleinen Menge im Kräuterquark.
- Kurz vor dem Servieren darübergestreut, gibt das Korianderkraut vielen Gemüsesorten und vor allem Suppen einen zusätzlichen Hauch von Frische.
- Zum Einfrieren das ganze Kraut in einen Beutel oder eine Dose geben, die gewünschte Portion entnehmen und, noch tiefgefroren, mit den Fingern zerbröseln.

Petersilienkraut

Petersilie gibt es kraus und glatt, wobei ich meine, dass letztere aromatischer schmeckt. Für warme Gerichte sollte die Petersilie erst direkt vor dem Servieren untergerührt werden.

- Klein gehackt schmeckt Petersilie zu vielen Kaltgerichten, dazu zählen neben Salaten auch Avocados und Quarkspeisen.
- Petersilie schmeckt zu fast jedem Gemüse und zu Kartoffeln. Auch Reisgerichte können mit frischer Petersilie gewürzt werden.
- Für etwas Petersiliensaft wird das Kraut klein gehackt und in einem feinen Tuch ausgepresst. Der Saft kann als Gewürz in ein Gemüse, Quark oder Avocado eingerührt, das trockene Kraut aus dem Tuch kann zum Verzieren verwendet werden. Besonders dekorativ ist es, wenn ein Gericht auf einem Teller serviert wird, und diese trockenen, feinen Blätter auf das Gemüse und auf den Teller gestreut werden.
- Zum Einfrieren das ganze Kraut in einen Beutel oder eine Dose geben, die gewünschte Portion entnehmen und, noch tiefgefroren, mit den Fingern zerbröseln. Das erspart das vorherige Kleinhacken.
- Petersilie gibt es getrocknet, sie schmeckt dann aber nicht so gut. Ein Teil der Vitamine geht beim Trocknen verloren. Da man sie das ganze Jahr kaufen kann und sie sich sehr gut tiefgefrieren lässt, würde ich keine getrocknete verwenden.

Sauerampfer

Sauerampfer gibt es nur im Frühjahr. Wie der Name schon sagt, schmeckt er sauer und ist sehr vitaminreich. Schon eine kleine Menge gibt viel Aroma ab. Auf der Wiese gepflückt, muss er gut abgewaschen werden. In gut sortierten Naturkostläden oder auf dem Markt kann man ihn mit etwas Glück in der Saison immer bekommen.

- Klein gehackt im Quark, zusammen mit anderen Gartenkräutern ist er eine Delikatesse zu Pellkartoffeln oder, wenn man diese nicht verträgt, zu Pastinaken oder Falafel.
- Ein paar Blätter, gehackt, würzen den Salat.
- Gehackter Sauerampfer würzt auch zerdrückte Avocados.

Schnittlauch

Schnittlauch gehört, genau wie die Petersilie, zu den beliebtesten Gartenkräutern. Er schmeckt vor allem frisch und hat eine leichte Schärfe, die etwas an Zwiebeln erinnert. Schnittlauch wird sehr fein geschnitten.

- Schnittlauch bringt würzige Frische aufs Butterbrot, in Salate, zu Avocados und Quarkspeisen. Viel Schnittlauch in etwas Quark, mit Salz abgeschmeckt, ist ein gesunder vitaminreicher Brotbelag.
- Warme Gerichte erst ganz kurz vor dem Servieren mit Schnittlauch würzen.
- Zum Einfrieren den Schnittlauch sehr fein schneiden, dabei sollte er nicht mit Wasser benetzt sein. In einem Beutel oder einer Dose einfrieren und jeweils die gewünschte Portion entnehmen.
- Schnittlauch gibt es getrocknet, er schmeckt aber nicht so gut. Ein Teil der Vitamine geht beim Trocknen verloren.

Sprossen / Keimlinge*

Das sind, streng genommen, keine Kräuter, sie passen aber am besten in dieses Kapitel: Getreide und Samen lassen sich keimen und sind dadurch eine sehr gute Vitaminquelle. Sie entwickeln zwar Zuckerstoffe bei diesem Vorgang, wovon auch ein Teil Fructose ist, sind aber schon in kleiner Menge eine sehr gute Vitamin-C-Quelle. Sie sollten also Versuche machen, ob und wie viel Sie vertragen. Selbst die Keime eines Teelöffels Getreide sind roh im Salat, auf Brot, in Quark oder einfach pur ein wichtiger Baustein Ihrer gesunden Ernährung. Es lohnt sich, Keime selbst zu züchten. Sie müssen relativ hell und warm stehen. Sie werden ein paar Stunden eingeweicht – je härter das Keimgut, desto länger –, in die Keimbox gefüllt und zweimal täglich gewässert.

---

* Viele Tipps und Rezepte bekommt man im Buch von „Keime & Sprossen" von Valérie Cupillard im selben Verlag.

Im Naturkostladen oder Reformhaus bekommen Sie eine große Auswahl Keimsaaten guter Qualität. Getreide muss ungeschält sein.
Besonders leicht zu keimen sind Mungobohnen. Diese Keimlinge gibt es auch manchmal frisch zu kaufen, vor allem in Asienläden. 12 Stunden eingeweicht, keimen sie schon nach 3 bis 4 Tagen und schmecken mild und frisch, roh und gegart einfach köstlich.
Keimlinge schmecken und keimen sehr unterschiedlich:

- Saaten 4 bis 6 Stunden einweichen und etwa 2 Tage keimen lassen.
- Getreide wie Weizen, Dinkel und Roggen müssen 12 Stunden einweichen und können nach 3 bis 4 Tagen verzehrt werden.
- Hafer und Buchweizen nur 3 bis 4 Stunden wässern; sie sind nach 2 bis 4 Tagen fertig gekeimt.

Ein einfaches und preiswertes Keimglas kann man sich selbst basteln. Einfach ein Reststück eines dünnen Gardinenstoffs, eines Fliegengitters oder ein anderes dünnes, wasserfestes, durchlässiges Material wie einen Deckel auf ein Glas mit eingeweichten Keimlingen spannen. Es wird dann so schräg gestellt, dass das Wasser abfließen kann und Sauerstoff an die Keimlinge kommt.
Es gibt Keimboxen mit einer Etage oder auch mit mehreren, die praktischer sind, denn man kann täglich neue Keimlinge ansetzen und hat nur eine Box, die gewässert werden muss.

Soßen und Mayonnaisen

Gemüsesoßen

Eine Gemüsesoße, die Sie mit einem Teil des gegarten Gemüses zubereiten, passt immer. Das geht schnell und ist mit fast jedem Gemüse möglich. Hier ein paar Varianten:

- Einen kleinen Teil des Gemüses mit dem Dünstwasser pürieren, etwas Speiseöl zufügen, mit Salz und Gewürzen abschmecken und servieren. Eine sehr kalorienarme Zubereitung.
- Etwas Milch aufkochen, einen kleinen Anteil des Gemüses zufügen und pürieren. Mit Gewürzen und Salz abschmecken und über das gegarte Gemüse gießen.
- Eine geringe Menge des Dünst- oder Kochwassers mit Sahne anreichern, einen kleinen Teil des Gemüses darin pürieren und mit Salz und Gewürzen abschmecken.

- Das Gemüsewasser, Milch oder Reisdrink aufwärmen und etwas Nussmus mit einem Schneebesen einrühren. Cashewmus dickt dabei die Soße etwas mehr ein als die anderen Nussmuse. Diese Soße schmeckt sehr gut und ist durch die enthaltenen mehrfach ungesättigten Fette besonders gesund.

Eingedickte Soßen

Eine Soße muss nicht unbedingt eingedickt werden, wird so aber oft lieber gegessen. Die Konsistenz der Soße ist Geschmackssache.

Mehlsoße

2 Teile Butter (z. B. 2 EL)
1 Teil (z. B. 1 EL) Weizenmehl Type 405
Flüssigkeit
Salz
Gewürze nach Geschmack (z. B. Pfeffer, Paprika, Curry)

Die Butter im Topf erhitzen, das Mehl einstreuen, mit einem Schneebesen umrühren und anschwitzen – was bedeutet, dass Flüssigkeit verdunstet. Je nachdem, ob man eine helle oder eine dunkle Soße will, lässt man das Mehl nur kurz hellgelb oder etwas längere Zeit braun werden. Wasser, Brühe, Gemüsekochwasser, Milch, Reisdrink oder Sahne wird unter ständigem Rühren zugefügt und bei geringer Hitze etwa 10 Minuten gekocht. Die Soße wird nach dem Abschmecken mit Salz und Gewürzen über das gegarte Gemüse gegossen oder mit dem Gemüse vermengt.

Nusssoße

Flüssigkeit
Cashewmus
Salz
Gewürze nach Geschmack

Die Flüssigkeit kann neben dem Gemüsekochwasser auch Wasser, Milch, Reisdrink oder Brühe sein. Das Cashewmus allmählich mit einem Schneebesen einrühren, bis die Soße die gewünschte Konsistenz hat, salzen, würzen und servieren. Das Cashewmus hat einen ganz feinen wunderbaren Geschmack und ersetzt auf gesunde Art die Sahne. Andere Nussmuse sind ebenfalls geeignet, dicken aber weniger stark ein.

Verdickungsmittel in der Soße

Verdickungsmittel sind die kalorienärmsten Möglichkeiten des Eindickens. Probieren Sie drei Varianten. Für alle gilt, nur in kleiner Menge mit einem Schneebesen einrühren.
Sie bekommen alle drei im Naturkosthandel, Reformhaus oder im gut sortierten Lebensmittelhandel.

- **Arrowroot** (auch Pfeilwurzelstärke genannt) ist das wohl geschmacksneutralste Verdickungsmittel. Sie dickt nur beim Kochen ein, dafür reicht ein kurzes Aufkochen und Umrühren. Die richtige Menge könnten ein paar Messerspitzen oder ein gestrichener Teelöffel sein.
- **Guarkernmehl** hat einen geringen Eigengeschmack. Es dickt nur beim Kochen ein, dafür reicht ein kurzes Aufkochen. Die richtige Menge könnte schon eine Messerspitze sein.
- **Johannisbrotkernmehl** hat einen sehr geringen Eigengeschmack. Es ist kaltlöslich, muss aber trotzdem kurz aufgewärmt werden. Die richtige Menge könnte schon eine Messerspitze sein.

Mayonnaise

2 Eigelb
Salz
1 EL Essig
125 ml Speiseöl

Eigelb schaumig schlagen, Salz und Essig zufügen. Das geht am besten mit einem Handmixer oder der Küchenmaschine. Mit dem Schneebesen von Hand geht es auch, dauert nur viel länger, denn das nachfolgende Zufügen des Speiseöls muss sehr langsam gehen – zunächst tropfenweise, dann etwas schneller. Eile wird mit Gerinnung bestraft.
Die Mayonnaise sollte kühl gelagert und bald verzehrt werden.

Varianten:
- Statt Essig Zitronen- oder Limettensaft verwenden.
- Das Speiseöl sollte ein gesundes kaltgepresstes sein, zum Beispiel Distelöl, Sonnenblumenöl oder ein delikates Nussöl.
- Mit Senf würzen.

Remoulade

2 Eigelb
Salz
1 EL Essig
125 ml Speiseöl
½ Bund Petersilie
½ Bund Schnittlauch

Die Zubereitung entspricht der von Mayonnaise. Erst zum Schluss werden die sehr fein gehackten Kräuter eingerührt.
Die Remoulade sollte kühl gelagert und bald verzehrt werden.

Varianten:
- Mit frischen gehackten Korianderblättern zubereiten.
- Im Frühjahr mit frischen gehackten Bärlauchblättern würzen.
- Mit einer halben zerdrückten Knoblauchzehe würzen.
- Mit einer Schalotte würzen. Diese dafür in passende Stücke schneiden und durch eine Knoblauchpresse drücken.
- Mit einem Stück Ingwer statt mit Kräutern würzen. Dieses Stück dafür durch eine Knoblauchpresse drücken.
- Mit etwas Senf würzen.
- Mit Kapern statt Kräutern würzen.

Salatsoßen

Viele Fertigsalatsoßen enthalten Zucker. Eine eigene Salatsoße ist schnell zubereitet und für uns das Wichtigste am Blattsalat, für den die nachfolgenden Rezepte bestimmt sind. Da die Portionsgrößen unterschiedlich sind, habe ich häufig nicht „Löffel“ sondern „Teil“ als Mischungsverhältnis angegeben, also zum Beispiel: 2 Teile (4 Esslöffel) Öl plus 1 Teil Essig (2 Esslöffel).

Fast alle Blattsalate sind fructosearm. Je frischer, desto mehr Vitamine sind enthalten, denn diese gehen nach der Ernte schnell verloren.
Salatblätter sollten gut abgetropft sein, am besten mithilfe einer Salatschleuder, damit die Salatsoßen nicht verwässert werden.

Öl-Essig-Soße

2 Teile Salatöl
1 Teil Essig
Salz

Alle drei Bestandteile mit einem Schneebesen geschlagen, ergeben eine cremige Salatsoße, die zu fast allen Blattsalaten passt.

Varianten:
- Mit Gartenkräutern anreichern.
- Mit etwas Senf würzen.

Salatsoße mit Mandelmus

2 Teile Salatöl
etwas Mandelmus
1 kleiner Schuss Milch
1 Teil Essig
Salz

Das Öl zuerst mit dem Mandelmus, dann mit der Milch verrühren und erst zum Schluss den Essig dazugeben. Mit Salz abschmecken. Diese Soße gehört zu unseren Lieblingssoßen und ist schon durch die mehrfach ungesättigten Fette im Mandelmus gesund.

Varianten:
- Mit 1 Naturjoghurt statt Milch verrühren.
- Mit ungerösteten oder gerösteten Mandeln oder Sonnenblumenkernen verfeinern.
- Statt Milch Reisdrink verwenden.
- Mit frischen Kräutern anreichern. Dafür gegebenenfalls den Milchgehalt etwas erhöhen.

- Mit ein paar gehackten Nüssen oder Mandelscheiben ergänzen. Diese gegebenenfalls vorher in einer Pfanne rösten.

Saure-Sahne-Soße

1 Becher Saure Sahne (Sauerrahm) oder Joghurt
2 EL Salatöl
1 EL Essig
Salz

Alle Zutaten gut verrühren und unter den Blattsalat heben.

Varianten:
- Schmeckt besonders gut mit vielen frischen Gartenkräutern.
- Wer diese Soße auch gesüßt kennt und mag, sollte sie mit Traubenzucker abschmecken.

Kräutersoße

2 Teile Speiseöl
1–2 EL Milch
1 Teil Essig
Salz
Schnittlauch
Petersilie

Das Speiseöl mit der Milch cremig schlagen, den Essig und das Salz zufügen und kräftig verrühren. Die klein geschnittene und gehackte Petersilie sowie Schnittlauchröllchen über den Blattsalat streuen und alles vermischen.

Avocado-Salatsoße

½ Avocado
½ Kaffeetasse Milch
3 EL Speiseöl
2 EL Essig
Salz

Die Avocado auslöffeln, mit einer Gabel zerdrücken und mit einem Schneebesen mit Milch und Öl cremig schlagen. Erst zum Schluss den Essig unterrühren und nach Geschmack salzen.

Varianten:
- Statt Essig Zitronen- oder Limettensaft verwenden.
- Statt Milch Schlagsahne, Naturjoghurt oder Reisdrink verwenden.
- Mit frischen Kräutern würzen.

Früchte und Gemüse

Gemüse enthält viele Vitamine, Mineralstoffe und gesunde Ballaststoffe. Gemüse sollte schonend zubereitet oder – sofern möglich – roh gegessen werden, um das hitzeempfindliche Vitamin C zu erhalten. Zusätzliches Vitamin C und Mineralstoffe liefern frische Kräuter, die zu beinahe jedem Gemüsegericht passen.

Gemüseportionen
Man rechnet etwa 200 bis 300 Gramm Gemüse je Portion, was leider – auch bei fructosearmem Gemüse – nicht von jedem vertragen wird. Passen Sie deshalb die Menge, sofern sie im Rezept angegeben wird, Ihren persönlichen Bedürfnissen an. Mir geht es bei den nachfolgenden Rezepten auch eher darum, Ihnen eine Zubereitungsidee zu geben.

Gemüse zubereiten

Die schonendste Zubereitung ist das Dünsten. Dafür gibt es preiswerte Dünsteinsätze, die in beinahe jeden Kochtopf passen. Sie finden sie im Fachhandel oder im Haushaltswarenregal der Supermärkte.
In den Kochtopf kommen 2 bis 3 cm Wasser, der Dünsteinsatz wird hineingestellt und mit dem Gemüse befüllt. Bei aufgelegtem Deckel wird das Gemüse bei geringer Hitze schonend – eher knackig als zu weich – gegart. Ich lege einen oder zwei Topflappen auf den Deckel, um die Wärme noch besser zu speichern. Die Soße kann danach mit dem Dünstwasser zubereitet werden oder Sie kochen eine Extrasoße.

Günstige Früchte und Gemüse

Die folgenden Früchte und Gemüse sind in geringer Menge schon in der Karenzzeit verträglich. Auch wer eine angeborene Fructoseintoleranz hat, verträgt diese Gemüse fast immer. Wie schon mehrfach erwähnt, ist die Verträglichkeit sehr unterschiedlich, muss also von jedem immer selbst herausgefunden werden.

Avocado

Sie muss butterweich sein, darf aber keine dunklen Stellen haben. Unreife Früchte kann man bei Raumtemperatur nachreifen lassen.
Die Avocado schmeckt nicht gut, wenn sie püriert wird. Besser ist es, sie einfach mit einer Gabel zu zerdrücken und mit einem Schneebesen mit anderen Zutaten zu verrühren.

Avocado

Avocado
Salz
Pfeffer

Die Avocado wird halbiert und, nachdem der Kern herausgenommen wurde, mit Salz und Pfeffer bestreut und ausgelöffelt. Selbstverständlich kann sie auch geschält, entkernt, in Stücke oder „Schiffchen“ geschnitten und serviert werden.
Sie wird zu oder auf Brot gegessen, im Salat oder als Gemüse, zu Reis oder einer anderen Beilage.

Avocadocreme

1 Avocado
ca. 100 ml Milch
Salz
Pfeffer
½ Bund Schnittlauch

Die Avocado halbieren, den Kern entfernen, das Fleisch auslöffeln und mit einer Gabel zerdrücken. Die Milch löffelweise hinzufügen, bis die gewünschte Konsistenz erreicht ist. Mit Salz und Pfeffer würzen und den klein geschnittenen Schnittlauch unterrühren.
Schmeckt auf Brot, zu Reis oder zu Pellkartoffeln.

Varianten:
- Statt Schnittlauch Petersilie verwenden oder eine Mischung aus beiden.
- Statt Schnittlauch Korianderkraut verwenden.
- Statt Milch Schlagsahne verwenden.

Kräuter-Avocado

1 Avocado
½ TL Zitronen- oder Limettensaft
½ TL Kräutersalz
½ Tasse Gartenkräuter

Die Avocado halbieren, den Kern entfernen, das Fleisch auslöffeln und mit einer Gabel zerdrücken. Saft, Salz und Kräuter zufügen und zu Pellkartoffeln oder auf Brot genießen.

Varianten:
- Statt der Gartenkräuter nur Bärlauch verwenden.
- Statt der Gartenkräuter nur Koriander verwenden
- Statt Zitronensaft Essig verwenden.
- Eine klein gehackte Schalotte zufügen.
- Eine zerquetschte oder durchgepresste Knoblauchzehe zufügen.

Bambussprossen

Man bekommt sie selten frisch, wenn aber doch, dann werden sie gewaschen, von den äußeren Blättern befreit und als Ganzes etwa eine Stunde gekocht. Dann erst werden alle Blätter entfernt, die Sprosse – sie ist mehr als faustgroß – in Stücke geschnitten und weiter zubereitet wie in den nachfolgenden Rezepten.

Bambussprossen bekommt man in Asienläden oder den entsprechenden Abteilungen im Lebensmittelhandel. Sie sind in Wasser eingelegt und fast immer zuckerfrei.

Bambussprossen in Cashewsoße

Bambussprossen aus dem Glas
Wasser
1 EL Cashewmus
Paprika, edelsüß
Salz

Das Bambuswasser aus dem Glas abgießen und die Sprossen in etwas frischem Wasser 20 Minuten kochen. Das Cashewmus mit einem Schneebesen in das Kochwasser einrühren und mit Paprika und Salz abschmecken. Mit den Sprossen servieren.

Varianten:
- Statt Cashewmus ein anderes Nussmus verwenden.
- Statt mit Paprika zu würzen, vor dem Servieren gehackte Petersilie unterrühren.

Gebratene Bambussprossen

Bratfett
Salz
2 Schalotten oder eine kleine Zwiebel, klein geschnitten
Bambussprossen aus dem Glas
1 Knoblauchzehe

Das Fett erhitzen, schwach salzen und die Schalotten darin anbraten. Die abgegossenen Bambussprossen dazugeben und bei geringer Hitze gar braten. Zum Schluss den gepressten Knoblauch zufügen.

Bambussprossen mit Sahne

Bratfett
Bambussprossen aus dem Glas
½ Tasse Wasser
½ Becher Schlagsahne
1 Msp. Guarkernmehl oder 1 TL Stärkemehl
Pfeffer
Salz

Das Fett erhitzen, etwas Salz dazugeben und die abgegossenen Bambussprossen darin anbraten. Das Wasser dazugießen und die Sprossen zugedeckt etwa 15 Minuten garen. Die Sahne zufügen, mit dem Guarkernmehl andicken und mit Pfeffer und Salz abschmecken.

Varianten:
- Vor dem Servieren mit Koriander oder Petersilie würzen.
- Mit Curry würzen.
- Etwas gepressten Ingwer zufügen.

Eisbergsalat

Gedünsteter Salat

3 EL Speiseöl
½ Eisbergsalat
Salz
Pfeffer
Petersilie

Das Speiseöl erwärmen und den klein geschnittenen Salat dazugeben. Häufig umrühren und zwischendurch einen Deckel auflegen. Der Eisbergsalat gibt viel Wasser ab. Besteht trotzdem die Gefahr, dass er anbrennt, eine kleine Menge Wasser dazugießen. Schon nach wenigen Minuten ist der Salat gar. Mit Salz und Pfeffer abschmecken und vor dem Servieren die Kräuter unterrühren.

Varianten siehe Folgeseite

Varianten:
- Im Öl vorher Knoblauch anbraten.
- Im Öl vorher 2 Schalotten glasig braten.
- Mit Korianderkraut würzen.
- Zum Schluss Mandelmus in die entstandene Flüssigkeit einrühren.

Eisbergsalat in der Brühe

1 l Gemüsebrühe
½ Eisbergsalat
1 EL Mandelmus
Salz
Pfeffer
Paprika, je nach Geschmack mild oder scharf

Die Brühe aufkochen, ein paar halbierte Blätter eintauchen und nach kurzer Zeit – je nach Stärke der Blätter, kann das schon nach 30 bis 60 Sekunden der Fall sein – mit einer Kochpinzette, einem Pfannenheber oder Schaumlöffel herausholen und in eine Schüssel füllen. Diese danach abdecken, damit das Gemüse warm bleibt.
Vor dem Servieren in der Schüssel die Blätter zur Seite schieben und in die Brühe das Mandelmus einrühren. Danach abschmecken und servieren.
Die Brühe nicht weggießen, sondern trinken, als Suppengrundlage verwenden oder einfrieren.

Varianten:
- Mit Petersilie würzen.
- Mit Korianderblättern würzen.
- Mandelscheiben oder Sonnenblumenkerne in der Pfanne ohne Fett kurz rösten (vorsichtig, damit sie nicht anbrennen) und darüberstreuen.

Kichererbsen

Man bekommt sie im Glas oder getrocknet. Die getrockneten werden etwa 12 Stunden in der 3-fachen Wassermenge eingeweicht und erst dann weiterverarbeitet. Eine für einige Rezepte einfachere Variante sind gemahlene Kichererbsen – die dann Kichererbsenmehl heißen. Für Falafel gibt es außerdem im Naturkostbereich praktische Fertigmischungen, denen nur Wasser zugefügt werden muss.

Falafel aus Kichererbsen

1 Beutel getrocknete Kichererbsen
Wasser
2 Bund Korianderkraut
1 kleine Zwiebel, sofern verträglich
Salz
2 Esslöffel oder mehr Kreuzkümmel (Cumin), gemahlen
2 EL Weizenmehl (405) oder Kartoffelstärke
Frittierfett

Die Kichererbsen im Wasser 12 oder besser 24 Stunden einweichen. Das Einweichwasser abgießen. Nun gibt es einige Varianten der weiteren Verarbeitung:

- In arabischen Ländern werden die einzelnen Kichererbsen von Hand geschält und zu einem Brei zerdrückt. Dabei ist kein anderes Mehl als Zutat nötig.
- Alternativ kann man die ungeschälten Kichererbsen durch einen Fleischwolf drehen. Auch hier ist kein Weizenmehl nötig.
- Mit etwas frischem Wasser können die Kichererbsen mitsamt der Schale püriert werden. Dabei sollte man ein bis zwei Pausen einlegen, denn der Pürierstab wird sonst zu warm. Bei dieser Methode muss etwas Weizenmehl zugefügt werden, damit die Falafel nicht zerfällt.

Der Kichererbsenbrei wird mit Koriander, einer kleinen, sehr fein gehackten Zwiebel, Salz und viel Kreuzkümmel, auch Cumin genannt, gewürzt. Gegebenenfalls etwas Mehl oder Stärke zum Binden zufügen.
Zum Braten gibt es zwei Möglichkeiten:

- Originalzubereitung: Das Bratfett in einer Fritteuse erhitzen und darin walnussgroße Kugeln frittieren. Sie sind gar, wenn sie hellbraun sind.
- In einer Pfanne viel Bratfett erhitzen, die Kugeln flach drücken und darin braten. Wenden, sobald sie von unten knusprig und hellbraun sind.

Tipps

Ich lege sie nach dem Braten auf Küchenpapier, damit das überschüssige Fett aufgesaugt wird. Gegebenenfalls im Backofen warm halten, bis alle Portionen gebacken sind.

Weitere Tipps und Varianten siehe Folgeseite

Es lohnt sich, diese Menge auf einmal zuzubereiten, denn Kichererbsen lassen sich sehr gut einfrieren und in kleinen Mengen genießen. Da sie von außen knusprig und trocken sind, können alle zusammen in einen Gefrierbeutel gefüllt und später einzeln nach Bedarf entnommen werden. Zum Essen einfach auftauen oder im Backofen kurz aufbacken.
Die Bällchen schmecken kalt und warm, pur, als Beilage zu (erlaubtem) Gemüse oder auch zu Reis. Köstlich schmecken sie auch zu einer Avocadocreme. Ich habe sie auch schon zu Brot gegessen. Falafel sind einfach universal und immer ein Genuss.

Varianten:

- Statt Korianderkraut viel Petersilie verwenden.
- Mit zerdrücktem Knoblauch würzen.
- Mit Chili würzen.
- Wer Kreuzkümmel nicht mag, kann Falafel auch mit Pfeffer würzen – oder beides weglassen.

Falafel aus Kichererbsenmehl

250 g Kichererbsenmehl
50 g Weizenmehl (Type 405)
½ TL Salz
1 EL Kreuzkümmel (Cumin), gemahlen
370 ml Wasser
1 Bund Koriander
Bratfett

Das Kichererbsenmehl mit Weizenmehl, Salz und Kreuzkümmel vermischen, das kalte Wasser zufügen und den Teig 10 bis 15 Minuten quellen lassen. Dann durchrühren und mit dem klein geschnittenen Koriandekraut mischen. Entweder, wie im vorigen Rezept beschrieben, nussgroße Kugeln im Fett schwimmend frittieren oder flach gedrückt in der Pfanne braten.

Tipps

Wie im vorherigen Rezept.
Für einen größeren Vorrat einfach die Mengen verdoppeln.

Kochbananen

Bei uns gibt es sie nicht überall, jedoch mit ziemlicher Sicherheit in Asialäden. Sie sind schwer zu schälen und schmecken roh nicht gut. Je nach Land werden sie unterschiedlich zubereitet. Wir haben sie schon in vielen Ländern der Erde bekommen und uns über die unterschiedliche Zubereitung und den damit verbundenen Geschmack gewundert. Je reifer sie sind, desto süßer schmecken sie. Versuchen Sie alle Varianten, auch in Hinblick auf ihre Verträglichkeit.
In Guatemala waren sie so reif, dass sie äußerlich schwarz waren und sogar Schimmelstellen hatten. Sie ließen sich leicht schälen, was wir in den offenen Küchen der kleinen Lokale gut beobachten konnten. Sie wurden dann in Fett gebraten und leicht gesalzen als Gemüse zu Reis und einem sehr kleinen Stück Fleisch serviert.
In der Dominikanischen Republik haben wir sie in Garküchen gegessen. Dort werden dicke Scheiben der noch grünen und sehr festen Kochbanane in (meist uraltem) Fett gebraten, anschließend zerquetscht und erneut knusprig gebraten.
In Laos freuten wir uns immer, wenn wir sie, auf dem offenen Feuer gegrillt, in einer Garküche bekamen. Auch hier waren sie vorher noch fest, aber äußerlich gelb. Dazu aßen wir Reis, der in Bambusholz gefüllt war und ebenfalls auf dem Grill lag.

Weiche Kochbananen, gebraten

Kochbananen
Bratfett
Salz

Die Bananen sollten schon viele braune Stellen haben. Sie werden geschält, der Länge nach halbiert oder auch ganz ein paar Minuten in Fett gebraten. Sie werden noch weicher und schmecken, leicht gesalzen, gut zu Reis.

Varianten:
- Mit Pfeffer würzen.
- Mit gepresstem Knoblauch braten.
- Mit Ingwer würzen. Dafür etwas Ingwer durch eine Knoblauchpresse drücken und mitbraten.

Feste Kochbananen, gebraten

Kochbanane
Frittierfett
Salz

Die Banane sollte gelbgrün sein und wenig braune Stellen haben. Sie lässt sich nur schwer schälen und hat ein festes Fleisch. Etwa 1,5 cm dicke Scheiben schneiden und diese im Fett schwimmend sehr hellbraun ausbraten. Aus dem Fett nehmen und auf einem Holzbrett mit einem stabilen Pfannenheber flacher drücken. Diese Scheiben erneut braten, jetzt etwas dunkler gebräunt. Nach dem Salzen noch warm verzehren. Sie können als Kartoffelersatz beispielsweise mit Avocadocreme oder Kräuterquark oder als Gemüse zu Reis gegessen werden.

Kochbanane, geschält gegrillt

Kochbanane

Die geschälte, noch feste Kochbanane wird im Backofen gegrillt. Dafür sollte sie einmal gewendet werden. Alternativ beim sommerlichen Grillen ähnlich wie eine Bratwurst zubereiten.

Kochbanane mit Schale vom Grill

Kochbanane

Die Schale einer reifen, weichen Kochbanane an einer Seite anritzen und mit der Ritze nach oben auf den Grill legen. Die Schale öffnet sich an dieser Stelle und die Banane bleibt saftig.
Eine leckere Grillspezialität, die auch mit den uns bekannten süßen Bananen – sofern verträglich – eine Delikatesse ist.

Mangold

Mangold ist ein beliebtes Sommer- und Herbstgemüse. Von Juni bis Anfang September bekommt man ihn im Lebensmittel- und Naturkosthandel. Die Zubereitung ist schnell und einfach, denn er muss nur abgewaschen und zerkleinert werden. Zuerst sollte man die dicken weißen Stiele garen und dann die Blätter. Mangold wächst in kleinen Stauden, deren Größe sehr unterschiedlich ist. Suchen Sie sich die passende Größe oder frieren Sie einen gegarten Teil ein. Etwas seltener gibt es auch eine Sorte, die an Spinat erinnert, also zarte Stiele hat, die rotviolett gefärbt sind. Die Zubereitung ist bei allen Sorten ähnlich – also dünsten und eine Soße dazu zaubern oder als Beilage servieren. Gerne wird Mangold auch als Spinatersatz bezeichnet. Anders als Spinat kann er problemlos wieder aufgewärmt werden.

Mangold in Sahnesoße

Rapsöl
Mangold
etwas Wasser
Schlagsahne
messerspitzenweise Guarkernmehl oder teelöffelweise Stärke
Salz

Das Rapsöl erwärmen, zunächst die klein geschnittenen Stiele darin dünsten und nach wenigen Minuten die zerkleinerten Blätter zufügen. Die Stiele geben Wasser ab, wenn man einen Deckel auflegt, dünsten sie darin. Notfalls etwas Wasser zufügen.

Nach einer Gesamtgarzeit von etwa 10 Minuten die Sahne zufügen, mit etwas Guarkernmehl oder Stärke andicken, mit Salz abschmecken, kurz aufkochen und servieren. Schmeckt sehr gut zu Reis oder Kartoffeln.

Varianten:

- Sofern verträglich, zuerst eine Zwiebel klein schneiden und glasig braten und erst dann die Mangoldstiele und später die Blätter zufügen.

Mangold mit Nusssoße

Mangold
Wasser oder Brühe
Cashewmus
Salz

Die kleingeschnittenen Stiele in etwas Brühe oder Wasser dünsten, nach wenigen Minuten die zerkleinerten Blätter zufügen und einen Deckel auflegen. Nach knapp 10 Minuten den Mangold etwas zur Seite schieben und mit einem Schneebesen das Cashewmus einrühren, um die Flüssigkeit leicht anzudicken. Das Gemüse kann nach einem kurzen Aufkochen und mit Salz abgeschmeckt zu Reis oder Kartoffeln serviert werden.

Varianten:
- Ein anderes Nussmus verwenden.
- Kurz vor dem Servieren mit gerösteten, zum Mus passenden, gehackten Nüssen bestreuen. Dafür die Nüsse ohne Fett in der heißen Pfanne bräunen.

Mangold, überbacken

Mangold
Brühe
Salz
Cashewmus
Käsescheiben nach Geschmack

Den Mangold in etwas Brühe wie in den vorherigen Rezepten kochen, eventuell mit Salz abschmecken, Cashewmus einrühren und das Gemüse in eine Auflaufform füllen. Darüber Käsescheiben legen und im Backofen bei Oberhitze überbacken, bis der Käse schmilzt oder Blasen wirft. Eine mediterrane Köstlichkeit zu Reis oder Kartoffeln!

Tipp
Beim Käse können Sie nach Lust und Laune experimentieren – vom milden bis zum würzigen Bergkäse, vom Kuhmilch- bis zum Schafskäse gibt es zahlreiche Möglichkeiten.

Papaya

Gefüllte Papaya

1 Papaya
200 g Hackfleisch
1 Ei
½ Tasse Paniermehl
Salz
getrocknete Papayakerne

Die Papaya der Länge nach halbieren und die Kerne mit einem Löffel entfernen. Das Hackfleisch mit dem Ei vermengen und das Paniermehl zufügen. Mit Salz und gemahlenen Papayakernen würzen und die Papayahälften damit füllen. Im Backofen bei 180 °C 30 bis 45 Minuten garen.

Varianten:
- Mit Pfeffer würzen.
- In den letzten Backminuten die Papaya mit Käse überbacken.

Vegetarisch gefüllte Papaya

½ Kaffeetasse Reis
1 Kaffeetasse Wasser oder Brühe
1 Schalotte oder kleine Zwiebel
½ Bund Petersilie
3 EL Mandelsplitter
3 EL Hartkäsewürfel
Salz
getrocknete Papayakerne
1 Papaya

Den Reis im Wasser kochen. Die Schalotte und Petersilie klein hacken und zusammen mit den Mandelsplittern und den Käsewürfeln unter den gegarten Reis mischen. Mit Salz und gemahlenen Papayakernen abschmecken. Die Papaya dünn schälen, von den Kernen befreien, mit dem Reisgemisch füllen und im Backofen bei 180 °C 30 bis 45 Minuten garen.

Varianten siehe Folgeseite

Varianten:
- Statt Schalotte oder Zwiebel ein kleines Stück Gurke ohne Kerne würfeln.
- Mit Korianderkraut statt Petersilie würzen.
- Mit Pfeffer abschmecken.

Weitere Papayarezepte bei Süßspeisen, Seite 130.

Pastinaken

Da sie gut gelagert werden können, bekommt man sie fast das ganze Jahr über, aber vor allem im Herbst. Sie sehen aus wie große Petersilienwurzeln oder sehr dicke weiße Karotten. Sie werden geschält, schmecken mild nussig und sind schnell zubereitet. Zu lange gebraten, entwickeln sie einen bitteren Geschmack. Gerne wird die Pastinake auch als Kartoffelersatz gesehen.

Pastinake als Kartoffelersatz

Pastinaken
Wasser, Salz

Nach dem Schälen die Pastinaken in große Würfel schneiden, kochen oder besser dünsten und, mit etwas Salz bestreut, zu Gemüse servieren. Sie schmecken auch Kindern gut.

Varianten:
- In Butter schwenken.
- Mit klein gehackter Petersilie bestreuen.
- Kurz in Speiseöl braten.

Gedünstete Pastinaken

Pastinaken
Wasser, Sahne, Salz

Die Pastinaken schälen, würfeln und in etwas Wasser dünsten. Je nach Größe sind sie sehr schnell gar. Einen kleinen Teil der Pastinaken entnehmen, Sahne zufügen und pürieren. Diese Soße dem restlichen Gemüse zufügen, mit Salz abschmecken und servieren.

Varianten:

- Statt Sahne Cashewmus und etwas Wasser verwenden.
- Vor dem Servieren viel gehackte Petersilie unterrühren.
- Mit Korianderkraut servieren.
- Mit Curry würzen.

Gebratene Pastinaken

Pastinaken
Bratöl
Salz

Die Pastinaken schälen, klein schneiden und im Bratöl braten. Sie dürfen nicht zu dunkel werden, denn dann werden sie bitter.
Sie schmecken leicht gesalzen zu Gemüse, Avocadocreme oder zu Kräuterquark.

Varianten:

- Mit etwas Bratöl beträufelt und im Backofen gebacken schmecken sie ebenfalls sehr gut und müssen nicht ständig gewendet werden.
- Dünne Scheiben mit Ei und Paniermehl panieren und im Bratöl ausbacken.

Pastinakencreme

Pastinaken
Wasser
Nussmus
Salz

Die Pastinaken schälen, klein schneiden und in Wasser gar kochen. Die Pastinaken dann mit einem Pürierstab cremig pürieren, mit Nussmus verfeinern und mit Salz abschmecken. Mit wenig Flüssigkeit entsteht ein Brei, der als Kartoffelbreiersatz dienen kann, mit viel Flüssigkeit bekommt man eine gute Suppe.

Varianten siehe Folgeseite

Varianten:

- Statt mit Wasser mit einer Brühe kochen.
- Statt mit Nussmus mit Schlagsahne anreichern.
- Vor dem Servieren mit reichlich Gartenkräutern würzen.

Pilze

Champignons bekommt man das ganze Jahr und viele weitere Pilzsorten im Herbst. Sie werden nicht gewaschen, sondern nur geputzt. Bei Pfifferlingen ist das viel Arbeit, aber sie würden durch das Waschen zu viel Aroma verlieren. Geputzt werden sie mit Hilfe eines Küchenmessers, die anhaftende Erde wird damit entfernt. Besonders schonend geht das mit speziellen Pilzbürsten, die im Handel angeboten werden. Man kann dafür auch eine weiche Zahnbürste zweckentfremden.

Gebratene Pilze

Pilze nach Wahl
Rapsöl, Salz

Die Pilze putzen und mit reichlich Öl braten. Sie dünsten bald im eigenen Saft und müssen ohne Deckel bei geringer Hitze weitergaren, bis die Flüssigkeit verdunstet ist. Unter häufigem Umrühren noch etwas anbraten, in ein Sieb zum Abtropfen des überschüssigen Fetts geben und servieren. Bei dieser Zubereitung entwickeln die Pilze ihren vollen Geschmack.

Varianten:

- In wenig geschmacksneutralem Bratöl braten, am Schluss besonders vorsichtig, damit sie nicht anbrennen. Mit einem Schuss Wasser ablöschen, etwas Cashewmus einrühren, so dass eine aromatische Soße entsteht. Sofort servieren.
- Wie oben anbraten, dann aber mit Sahne abschrecken und gegebenenfalls mit etwas Verdickungsmittel andicken.
- Mit etwas Knoblauch und Schalotten, beide fein gehackt, anbraten. Zwiebeln und Knoblauch dürfen dabei aber nicht schwarz werden.
- Mit reichlich Petersilie oder etwas Koriander würzen. Die Kräuter einfach vor dem Servieren unterrühren. Nach Geschmack mit oder ohne Soße servieren.

Pilze in Nusssoße

Pilze nach Wahl
Rapsöl
Wasser oder Brühe nach Bedarf
Nussmus
Salz
Gewürze
Mandelscheiben

Die Pilze putzen und in etwas Öl, gegebenenfalls mit einem Schuss Wasser oder Brühe garen, das Nussmus mit einem Schneebesen einrühren und mit Salz und Gewürzen abschmecken. Die Mandelscheiben ohne Fett in der Pfanne rösten und vor dem Servieren darüberstreuen.

Varianten:
- Mit frischen Gartenkräutern würzen.
- Mit viel Paprika, edelsüß, würzen.
- Mit gerösteten Sonnenblumenkernen würzen.

Pilze, überbacken

Pilze nach Wahl und Saison
Rapsöl
Salz
Schnittkäse (nicht zu würzig, damit das Pilzaroma nicht überdeckt wird)

Die Pilze nach dem Putzen in ganz wenig Öl bei aufgelegtem Deckel garen und mit Salz abschmecken. Dabei dürfen die Pilze noch im eigenen Saft schmoren oder sie können mit etwas mehr Öl gebraten werden.
Die gegarten Pilze in eine Auflaufform füllen, mit einer dicken Schicht Schnittkäse versehen und überbacken, bis der Käse hellbraune Stellen hat.

Varianten:
- Zwischen Pilze und Käse kommt eine Schicht Petersilie.
- Wenn Pilze im eigenen Saft schmoren, diesen mit etwas Cashewmus oder Verdickungsmittel andicken und erst dann mit dem Käse überbacken.

Champignons mit Knoblauch

Große Champignons
Knoblauch
Salz
Butter

Den Stiel und die Lamellen der Champignons entfernen, ohne die Pilze dabei zu zerstören. Die Lamellen dürfen auch im Pilz bleiben. Die Pilze anschließend auf einem Backblech verteilen und in die Kuhlen ein bisschen gepressten Knoblauch, eine kleine Prise Salz und ein Stückchen Butter legen und überbacken.

Varianten:
- Statt Butter Kräuterbutter verwenden.
- Statt Butter Olivenöl darüber träufeln.
- Statt mit Knoblauch mit Petersilie oder Koriander würzen.

Salatgurke

Man bekommt sie das ganze Jahr. Aus ihr und der kleinen Einlegegurke kann man eine köstliche und schnelle Suppe zubereiten. Die Gurke schmeckt pur, als großes Stück, in Scheiben mit etwas Salz oder als Brotbelag zu Quark, Käse und pflanzlichen Brotaufstrichen.
Zu kühl gelagert, wird sie glasig. Die kontrolliert biologisch angebauten Salatgurken haben einen deutlich besseren Geschmack.

Gurkensalat

2 El Salatöl
1 EL Essig
1 Prise Salz
½ Bund Dillspitzen
1 Salatgurke

Aus Öl, Essig, Salz und Dill mit dem Schneebesen eine Salatsoße rühren. Die Gurke in dünne Scheiben schneiden und unterrühren.

Varianten:
- ½ bis 1 Becher saure Sahne oder Joghurt dazugeben.
- Statt Dill andere Gartenkräuter verwenden.

Gurkencremesuppe

1 Salatgurke
1 Kaffeetasse Milch
½ Becher Schlagsahne
1 EL Mandelmus
Salz
Pfeffer
1 TL Dinkelsirup

Die Gurke in kleine Stücke schneiden, mit Milch und Sahne kurz aufkochen und pürieren. Nach einer Kochzeit von weiteren 5 bis 10 Minuten mit Mandelmus, Salz, Pfeffer und etwas Dinkelsirup abschmecken. Die Suppe ist schnell gekocht und schmeckt köstlich.

Varianten:
- Wenn eine Zwiebel oder Schalotte erlaubt sind, diese zuerst mit Rapsöl glasig braten und dann wie oben verfahren.
- Statt der Milch die Sahnemenge erhöhen.
- Schmeckt noch aromatischer mit frischen Gewürzgurken.
- Mit Dillspitzen abschmecken.
- Statt Schlagsahne Wasser oder Reisdrink verwenden und mit einem Esslöffel Cashew- oder Mandelmus abschmecken.

Gebratene Gurken

Salatgurke
Rapsöl
Salz

Die Gurke entweder der Länge nach halbieren, die Hälften in 5 cm lange Stücke schneiden oder die Gurke in dicke Scheiben schneiden. Die Gurkenstücke werden in heißem Rapsöl gebraten, gesalzen und zu Reis oder Kartoffeln serviert.

Varianten siehe Folgeseite

Varianten:
- Vor dem Braten mit Ei und Paniermehl panieren.
- Vor dem Servieren pfeffern oder mit Paprika, edelsüß, abschmecken.

Gurken im Quark

250 g Quark (45 % Fett)
1/2 Kaffeetasse Milch
1/4 Gurke
Salz

Quark und Milch verrühren, die Gurke raspeln, unterrühren und mit Salz abschmecken.

Varianten:
- Gegebenenfalls Magerquark und etwas Schlagsahne verwenden.
- Mit Dillspitzen abschmecken.
- Mit viel Gartenkräutern abschmecken.
- Mit Paprika, edelsüß, würzen.
- 1 Schalotte oder ein kleines Zwiebelstück durch eine Knoblauchpresse drücken und unter den Quark mischen.
- Einen Teil des Quarks durch einen Frischkäse ersetzen.

Zaziki

1 Salatgurke
500 g Magerquark
2–3 Knoblauchzehen
Olivenöl
Salz

Die Salatgurke raspeln, den Quark unterrühren und mit durchgepresstem Knoblauch, etwas Olivenöl und Salz abschmecken.

Varianten:
- Einen Teil des Quarks durch Joghurt ersetzen.
- Knoblauch durch ein kleines Stück Zwiebel ersetzen. Damit der Geschmack intensiver wird, dieses Stück durch eine Knoblauchpresse drücken.

- Statt Knoblauch oder Zwiebel 1 EL sehr fein geschnittenen Schnittlauch dazugeben.

Sauerkraut

Sauerkraut gibt es mit und ohne Wacholderbeeren im Glas, in Tüten und sehr oft offen beim Fleischer und in einigen Reformhäusern. Dort kann es in der gewünschten Menge gekauft werden.
Durch Wässern wird es etwas milder im Geschmack. Sein Gehalt an Vitamin C und die lange Haltbarkeit machten Sauerkraut früher zu einem wichtigen Wintergemüse, seit dem 18. Jahrhundert vor allem auch auf See, nachdem der Skorbut als Vitamin-C-Mangelerkrankung erkannt worden war.

Sauerkraut mit Nusssoße

Sauerkraut
Lorbeerblätter (1–2 für 500 g Sauerkraut)
Wasser
Mandelmus
Salz

Das Sauerkraut einmal kurz waschen, in einen Kochtopf füllen und mit den Lorbeerblättern in wenig Wasser ein paar Minuten kochen. Dabei den Deckel auflegen. Das gegarte Kraut etwas zur Seite schieben, in das Kochwasser etwas Mandelmus einrühren und mit Salz abschmecken.
Wer den kräftigen Geschmack nicht mag, sollte das Kraut mehrfach waschen. Wer gerade diesen Geschmack liebt, sollte es gar nicht waschen. Wie lange Sauerkraut gegart werden muss, ist ebenfalls Geschmackssache. Meistens genügen 5 bis 10 Minuten.

Varianten:
- Zusätzlich einige Wacholderbeeren zum Kraut geben.
- Nach etwa 5 Minuten den Deckel abnehmen und das Wasser verkochen lassen. Schlagsahne oder Schmand einrühren, aufkochen und bei Bedarf mit etwas Verdickungsmittel eindicken.
- Vor dem Servieren etwas klein geschnittene Papaya unterrühren.

Sauerkraut, gebraten

Sauerkraut
Bratöl
Salz

Das Kraut abwaschen, in ein Küchensieb füllen und gut abtropfen lassen. Das Fett erhitzen, das Sauerkraut darin braten, ab und zu umrühren, damit es nicht anbrennt, und mit Salz abschmecken.

Varianten:
- Statt Bratöl Gänse- oder Schweineschmalz verwenden.
- Zum Schluss gegarten Reis mitbraten und gemeinsam servieren.
- Mit einem Schuss Schlagsahne abschmecken und servieren.
- Mit etwas Reisdrink und Mandel- oder Cashewmus abschrecken und servieren.

Sauerkraut mit Speck

Durchwachsene Speckwürfel
Sauerkraut
evtl. 1–2 Lorbeerblätter und Wacholderbeeren (für 500 g Kraut)
Wasser
Salz
Pfeffer

Speckwürfel in einen Topf geben und vorsichtig anbraten. Ist der Speck sehr mager, muss ein bisschen Bratfett zugefügt werden. Das Sauerkraut darin kurz anbraten, etwas Wasser angießen, evtl. Lorbeerblätter und Wacholderbeeren dazugeben. Mit Salz und Pfeffer abschmecken und servieren.

Variante:
- Schinkenwürfel in Bratfett anbraten.

Speiserübe

Von der älteren Generation oft gehasst, denn sie gehörte zu den Lebensmitteln, die sie „in den schlechten Zeiten“ gegessen haben und deshalb, verständlicherweise, nicht mehr mögen. Heute erleben die Rüben eine Renaissance, und wir sollten diesem Gemüse eine Chance geben.
Es ist eine glatte, weiße Knolle mit „rotvioletten Bäckchen“, die innen ein gelbes Fleisch hat. Die Zubereitung ist ähnlich wie die einer Karotte. Die Knolle wird geschält, kleingeschnitten und zubereitet. Sie kann roh und gekocht gegessen werden.

Gedünstete Speiserübe

Speiserübe (pro Portion 200–300 g)
Wasser
Salz

Die Speiserübe in große Würfel schneiden und – vorzugsweise mit wenig Wasser – in einem Dünsteinsatz garen. Mit Salz abschmecken und beispielsweise zu Kartoffelbrei servieren.

Varianten:

- In das Dünstwasser etwas Mandelmus einrühren, mit Salz und Paprika, edelsüß, oder Pfeffer abschmecken und zu Reis oder Falafel servieren.
- Aus einem Teil der Rübe eine Soße aus pürierter Rübe und Nussmus herstellen.

Gebratene Speiserübe

Speiserüben (pro Portion 200–300 g)
Ei
Salz
Paniermehl
Bratöl

Die Speiserübe mit dem Sparschäler schälen, in Scheiben schneiden, im Ei und anschließend im gesalzenen Paniermehl wälzen und im Bratöl hellbraun braten.

Varianten siehe Folgeseite

Varianten:

- Die Speiserübe vor dem Panieren pfeffern oder mit Papayakernmehl würzen. Auf diese Weise verbrennt der Pfeffer nicht beim Braten.
- Die Rübe fein würfeln, gar braten, mit Reis vermischt kurz weiterbraten und nach dem Würzen servieren.
- Mit Öl einpinseln und auf dem Backblech braten. Zum Schluss mit einem kleinen Käsestück überbacken.

Speiserübensuppe

Dinkelsirup
Wasser
200–300 g Speiserüben
1–2 kleine Kartoffeln
Mandelmus, Salz
Gartenkräuter

Je Rübe einen halben Teelöffel Dinkelsirup im Kochtopf kurz karamellisieren und mit Wasser auffüllen. Die Speiserüben und Kartoffeln würfeln, zufügen und garen. Sie sollten knapp mit Wasser bedeckt sein. Mit einem Pürierstab cremig pürieren, mit Mandelmus und Salz abschmecken und erst vor dem Servieren mit den Gartenkräutern anreichern.

Varianten:

- Statt Mandelmus etwas weniger Wasser verwenden und durch Schlagsahne oder Schmand ersetzen.
- Statt mit Gartenkräutern mit Knoblauch würzen.
- Korianderkraut oder Bärlauch dazu geben.
- Mit Kreuzkümmel (Cumin) würzen.

Spinat

Frischen Spinat gibt es zweimal im Jahr; von März bis Mai wird der zarte Frühlings- und Sommerspinat angeboten und im September/Oktober der kräftigere Winterspinat. Doch auch zwischendurch muss niemand auf dieses beliebte Gemüse verzichten, weil man ihn ganzjährig in guter Qualität als Tiefkühlkost bekommt.

Der frische Spinat wird sorgfältig gewaschen, die dicken Stiele werden entfernt und die Blätter ganz oder grob gehackt zubereitet. Spinat wird etwas milder im Geschmack, wenn er vor dem Garen kurz blanchiert wird. Beim Zubereiten schrumpft eine große Menge auf eine kleine Portion zusammen.
Der zubereitete Spinat sollte nicht lange aufbewahrt werden und für Kleinkinder nicht erneut erwärmt werden. Das enthaltene Nitrat wird bei der Lagerung durch Bakterien in ungesundes Nitrit umgewandelt. Diesen Prozess kann man verlangsamen, indem man den angerichteten Spinat zur Aufbewahrung schnell abkühlt und zugedeckt im Kühlschrank lagert.

Spinat in Brühe

Kochende Brühe
frischer Spinat

Der Spinat wird portionsweise etwa eine Minute in der Brühe gekocht. Am besten danach mit einem Schaumlöffel oder einer Kochpinzette aus der Brühe fischen und in einer Schüssel im Backofen warm halten: Eine schnelle und schmackhafte Methode, die aus China kommt. Dort wird der Spinat zu Reis gegessen, hier klassischerweise zu Kartoffelbrei oder Pellkartoffeln und Spiegelei. Die Brühe kann getrunken oder als Suppengrundlage verwendet werden.

Variante:
- In viel Wasser ebenfalls nur kurz kochen und nach Geschmack würzen.
- Mit etwas Wasser kochen, öfters wenden und aus dem Kochwasser eine Soße zubereiten, in die etwas Schmand oder Sahne eingerührt wird oder nur etwas Nussmus.

Spinat überbacken

Spinat
Wasser, Salz, Käse

Der frische Spinat wird in etwas Wasser gekocht, dabei muss häufig gerührt werden. Salz darf nur wenig daran, denn der Käse enthält ebenfalls Salz. Wenn der Spinat zusammengefallen ist, wird er in eine Auflaufform gefüllt, mit Käse bedeckt und im Backofen überbacken.

Varianten siehe Folgeseite

Varianten:
- Nach dem Garen das Kochwasser mit Cashewmus anreichern und unterrühren.
- Das Kochwasser mit einem Verdickungsmittel andicken und unterrühren und als Soße dazu servieren.

Zucchini

Das ist ein sehr beliebtes Gemüse, es ist schnell vorbereitet, denn nach dem Waschen müssen von den Zucchini nur die beiden Enden abgeschnitten werden. Rezepte gibt es unendlich viele, und fast jeder hat sein Lieblingsrezept, das meistens unverändert gut vertragen wird. Möglicherweise muss nur die Portionsmenge reduziert werden. Große Zucchini, wie man sie manchmal von Freunden aus dem Garten bekommt, schmecken nicht mit Schale. Am besten kann man eine Suppe daraus zubereiten.
Ansonsten gilt, dass sie noch Biss haben, also nicht zu lange gegart werden sollten.

Zucchini gedünstet

Zucchini
Olivenöl
Oregano
Salz

Die Zucchini in nicht zu kleine Würfel schneiden und im Öl dünsten. Dafür ist keine Flüssigkeit notwendig, denn die Zucchini haben genug eigene. Vor dem Servieren mit Oregano würzen und mit Salz abschmecken.

Varianten:
- Nur ganz kurz garen und mit Käse im Backofen überbacken. Feta schmeckt dafür besonders gut.
- Kurz bevor die Zucchiniwürfel gar sind, Käsewürfel zufügen. Dafür eignet sich außer Feta oder auch ein Hartkäse.

Zucchini, gebacken

Zucchini, Olivenöl
Oregano, Salz

Die Zucchini der Länge nach halbieren, mit Öl bestreichen, mit Oregano und Salz bestreuen und auf einem Backblech im Ofen bei mittlerer Hitze garen.

Variante:
- Während der letzten Backminuten mit Hartkäse oder Feta belegen.

Zucchini mit Hackfleischfüllung

Zucchini, Salz
Hackfleisch (wenn möglich Bio, ca. 50 g pro Portion)

Die Zucchini der Länge nach halbieren, aushöhlen, mit dem gesalzenen Hackfleisch füllen und auf einem Backblech im Backofen garen.

Varianten:
- Kurz bevor die Zucchini und das Hackfleisch gegart sind, mit Käse belegen und fertig garen.
- In das Hackfleisch Mandeln einkneten.
- Das Hackfleisch wird knuspriger, wenn es zuvor kurz angebraten wird.
- Das Hackfleisch wie für Frikadellen mit eingeweichtem, ausgedrückten Brot zubereiten.

Zucchini, vegetarisch gefüllt

Zucchini
gekochter Reis, Salz

Die Zucchini der Länge nach halbieren, aushöhlen und auf einem Backblech im Backofen halb gar werden lassen. Mit dem gekochten Reis füllen, mit Käsescheiben belegen und überbacken.

Varianten siehe Folgeseite

Varianten:
- Den Reis mit Mandeln mischen.
- Ein kleines Stück Süßkartoffel sehr klein würfeln und mit dem gegarten Reis vermischen.
- Gebratene Pilze nach Rezept auf Seite 90 zubereiten, je nach Geschmack mit Knoblauch und Schalotten oder mit Kräutern, und mit dem gegarten Reis vermischen.

Zucchinisuppe

Zucchini
Schlagsahne (Menge je nach gewünschter Konsistenz der Suppe)
Salz
Pfeffer

Die Zucchini würfeln, die Schlagsahne zufügen, 5 Minuten unter ständigem Umrühren kochen und mit einem Pürierstab pürieren. Nochmals 5 Minuten kochen und mit Salz und Pfeffer abschmecken.

Varianten:
- Mit Oregano oder Koriander würzen.
- Mit Paprika, edelsüß, würzen.
- Mit Curry oder Kreuzkümmel würzen.
- Statt Schlagsahne Wasser oder Reisdrink verwenden und zum Schluss mit Nussmus abschmecken.

Zucchinisalat

Zucchini, möglichst junge, frisch aus dem Garten
Salatöl
Essig
Salz

Die Zucchini in dünne Scheiben schneiden und nur eine knappe Minute in siedendem Wasser blanchieren (am besten in einem Sieb eintauchen). Abkühlen lassen und wie einen Salat mit einer Salatsoße anmachen. Das schmeckt besonders gut, wenn die Zucchini sehr klein und aromatisch sind. Je dünner die Scheiben, desto kürzer kann man sie blanchieren.

Varianten:

- Dem Salatöl etwas Mandelmus und gegebenenfalls einen kleinen Schuss Milch zufügen.
- Ein kleines Zwiebel- oder Knoblauchstück durch eine Knoblauchpresse drücken und in die Soße geben.

Eingeschränkt günstige Gemüse

Portionen
Da diese Gemüse anfangs nicht gegessen werden dürfen und später, wenn überhaupt, nur in geringer Menge, habe ich keine Rezepte und Mengenangaben, sondern nur Tipps dazu angegeben.

Es ist sinnvoll, zu diesen Gemüsegerichten Reis zu verzehren, da er sehr wenig Fructose enthält. Nicht ganz so fructosearm, aber immer noch viel besser als Kartoffeln, sind Nudeln oder Falafel als Beilagen geeignet.
Wenn wegen der Mengenbeschränkung Reste bleiben, kann gekochtes Gemüse kühl aufbewahrt und am folgenden Tag als Salat, beispielsweise mit einer Öl-Essig- oder Kräutersoße zubereitet werden.

Aubergine

Einfach nur im Wasser gekocht oder gedünstet schmecken Auberginen nicht besonders gut. Andererseits saugen sie sehr viel Fett auf, was die fettarme Zubereitung schwer macht. Die Schale wird beim Backen und Braten hart und muss vor dem Verzehren entfernt oder bereits vor der Zubereitung abgeschält werden. Im Gegensatz dazu wird sie beim Kochen weich.

- Auberginen schmecken sehr gut, wenn man sie in dünne Scheiben schneidet, salzt, mit nur etwas Öl bestreicht – dafür ist ein Pinsel hilfreich – und im Backofen gart. Das Öl kann zuvor mit Oregano gewürzt werden.
- Im Sommer schmecken sie köstlich, wenn man die ganze Frucht mit Schale auf den Grill legt oder an den Rand der heißen Kohle. Wenn sie außen schwarz sind, werden sie halbiert und mit etwas Salz bestreut einfach ausgelöffelt. Die verbrannte Schale gibt ein würziges Aroma nach innen ab.

- Geschält und gewürfelt kann man Auberginen zusammen mit Zucchini in Olivenöl, gewürzt mit Oregano, dünsten. Die Zucchini geben genug Flüssigkeit ab.

Blumenkohl

Leider ist ein frischer Blumenkohl so groß, dass man entweder weitere Personen bekochen oder ihn auf mehrere Tage verteilen muss. Vertragen werden meistens nur ein paar wenige Röschen am Tag. Alternativ kann man ihn in Röschen zerteilen und einfrieren oder tiefgekühlt kaufen und dann portionsweise entnehmen.

- Im Dampf gegart und mit einer Sahne- oder Milchsoße zubereitet, schmeckt er wunderbar. Mit einer größeren Menge Petersilie und Reis als Beilage ergibt er eine vollwertige Mahlzeit.
- Kleine Röschen, in Bratöl gebraten, schmecken aromatisch. Mit etwas Sahne oder einer Mischung aus Wasser und Cashewmus dazu hat man ein leckeres Gemüse zu Reis, Falafel oder Kartoffeln.
- Aus gekochten Blumenkohlröschen lässt sich mit Öl-Essig-, Saurer-Sahne- oder Kräutersoße (Seite 74) ein sehr guter Salat zubereiten.

Grüne Bohnen

Sie haben im Sommer Saison und werden dann auf Wochenmärkten und im Gemüse-(Naturkost-)Handel angeboten. Das Jahr über bekommt man sie frisch in gut sortierten Gemüseabteilungen. Man kann sie aber in der Saison auch gut einfrieren. Roh dürfen sie nicht verzehrt werden. Sie können ganz oder als klein geschnittenes Gemüse zubereitet werden.
Praktisch ist, dass man frische grüne Bohnen in kleinen Portionen kaufen kann.

- Im Dampf gegart, mit etwas Butter oder einem guten Speiseöl, sind sie ein Klassiker.
- Mit in etwas Butter gebratenen Mandeln werden sie zu einer Delikatesse.
- Geschnippelt und in Bratöl gebraten, sind sie köstlich zu einem guten Reis, der in einem Kochtopf extra gekocht und zum Schluss kurz mitgebraten wird. Auch hier verfeinern ein paar gebratene Mandelblättchen das Gericht.

Kennen Sie den Spruch: „Jedes Böhnchen ein Tönchen"? Leider ist das für manche Menschen zutreffend. Entweder einen entsprechenden Tee dazu trinken oder, falls das nicht ausreicht, verzichten.

Brokkoli

Wenn man Glück hat, bekommt man eine kleine Portion (eine kleine Sprosse) frischen Brokkoli. Wer weniger verträgt und für eine Person kocht, kann die Röschen einfrieren oder auf Tiefkühlware zurückgreifen. Brokkoli ist schnell gegart und schmeckt zu Nudeln, Reis und Kartoffeln.

- Kurz dünsten, einige Mandeln in Butter oder Speiseöl anbraten und untermischen. Etwas Salz dazu und man hat ein köstliches Gemüse.
- Kleine Röschen in etwas Fett braten, mit Sahne oder Milch ablöschen, garen und mit Verdickungsmittel andicken. Viel Paprika, edelsüß, dazu und mit Nudeln verzehren. Ein kleiner Ersatz für Tomatensoße.
- Brokkoli nur kurz andünsten und im Backofen mit Käse überbacken.
- Nudeln halbfertig kochen und abgießen. Zusammen mit ein paar kleinen Brokkoliröschen und etwas Sahne oder Milch in eine Auflaufform füllen, mit Scheibenkäse belegen und überbacken.

Chinakohl

Meist gibt es Chinakohl auch nur als große Portion. Allerdings hält sich der frische ein paar Tage im Kühlschrank. Man kann sich sie gewünschten Portionen abschneiden oder ihn der Länge nach halbieren oder vierteln Auf diese Weise hat man in jedem Teil alle Bestandteile, also die feinen Blätter und die festeren Stiele. Chinakohl ist sehr praktisch für die schnelle Küche. Er ist mild im Geschmack und sollte deshalb gut gewürzt werden.
Passende Gewürze können sein:

- Curry
- Korianderkraut
- Kreuzkümmel (Cumin)
- Paprika, edelsüß oder scharf
- Peperoni oder Chili
- Pfeffer
- Würzl (Naturkostladen, Reformhaus)

Er schmeckt zu jeder Beilage, in China wird er vor allem zu Reis gegessen. Mit etwas Soße ist er auch eine Köstlichkeit zu Falafel.

- Klein schneiden und in etwas Speiseöl unter ständigem Wenden garen. Wasser ist nicht nötig, denn Chinakohl hat viel eigene Feuchtigkeit.
- Vor dem Servieren mit einem der oben genannten Gewürze anreichern.

Erbsen

Sie haben im Sommer Saison. Dann kann man sie auch einfrieren und in kleinen Portionen entnehmen. Ansonsten bekommt man sie das ganze Jahr über, erntefrisch eingefroren, als Tiefkühlware. Sie werden etwa 10 Minuten gekocht und oft mit einer Soße angereichert.

- Diese Soße kann mit Sahne oder Cashewmus oder auf Basis einer Mehlschwitze zubereitet sein.
- Gekocht und mit Butter serviert sind sie ein schnelles Gemüse zu Reis oder mit diesem vermischt, bekannt als Risi e bisi.
- Eine Handvoll gehackte Petersilie macht eine kleine Portion Erbsen zu einer großen und vitaminreichen Beilage.
- Frische Erbsen können auch roh verzehrt werden.

Erbsen können Blähungen verursachen. Entweder einen entsprechenden Tee dazu trinken oder, falls das nicht ausreicht, verzichten.

Grünkohl

Geliebt und gern gegessen wird er vor allem im Norden Deutschlands. Das Originalrezept wird mit Bregenwurst (auch Brägenwurst) serviert. Ob mit oder ohne diese Wurst, wichtig ist, dass der Grünkohl mit einer ordentlichen Menge Fett lange garen muss und schön weich und süßlich wird. Von den Stängeln wird das Kraut mit den Händen abgestreift oder abgezupft. Nach dem Waschen wird es in Wasser mit Fett mindestens 30 Minuten gekocht. Je kleiner die Blätter geschnitten werden, desto kürzer ist die Kochzeit. Als Fett eignen sich:

- Rapsöl oder dergleichen für Vegetarier
- Butter
- Ausgelassener Speck
- Schweineschmalz
- Gänseschmalz

Bregenwurst ist nicht notwendig, es kann auch Mettwurst, Pinkel, Schinkenwürfel, Kassler, Bauchfleisch, Schweinebacke, durchwachsener Speck oder ein beliebiges Fleisch sein.

Traditionell gehören Kartoffeln dazu. Grünkohl schmeckt aber auch ausgezeichnet zusammen mit den fructoseärmeren Nudeln oder auch zu Reis.

Kartoffeln

Kartoffeln werden etwas fructoseärmer, wenn man sie klein geschnitten 12 bis 24 Stunden wässert. Man sollte sie erst vor dem Servieren oder am Tisch salzen, denn Salz im Kochwasser entzieht den Kartoffeln das kostbare Kalium. Das Natrium im Kochsalz ist der Antagonist – also Gegenspieler – des Kaliums. Kalium ist für den Herzrhythmus wichtig. Salzt man erst nach dem Kochen, hat man beides: Natrium und Kalium.
Besonders gesund sind Kartoffeln, die im Dünsteinsatz gedämpft werden.

- Für Pellkartoffeln werden möglichst kleine Kartoffeln zubereitet. Sie werden einfach nur geschält und mit Salz bestreut. Mit Butter, etwas Salz und viel frischer, gehackter Petersilie gewürzt, sind sie sehr schmackhaft und durch die Petersilie besonders vitaminreich.
- Bratkartoffeln können auch aus rohen Kartoffel hergestellt werden. Es bedarf nur etwas mehr Geduld, die aber durch guten Geschmack belohnt wird. Die Kartoffeln in dünne kleine Stücke schneiden und in relativ viel Bratfett braten. Gegebenenfalls danach in einem Sieb abtropfen lassen oder auf Küchenkrepp entfetten und erst danach servieren. Erst vor dem Verzehr salzen, damit sie knusprig bleiben.
- Kartoffeln mit gesäuberter Schale halbieren, auf ein geöltes Backblech legen, mit weiterem Öl bepinseln und im Backofen backen. Mit Olivenöl und etwas getrocknetem Oregano oder frischen Rosmarinnadeln gewürzt, schmecken sie wie im sonnigen Süden.
- Kleine Kartoffelwürfel auf einem Backblech verteilen, mit Öl beträufeln, eventuell Oregano oder Rosmarin darüberstreuen, mit den Händen durchmengen und backen. Das geht vor allem mit gewässerten Kartoffeln gut.
- Für Kartoffelbrei die Kartoffeln im Dünsteinsatz garen. In einem Extratopf etwas Milch erwärmen, die gegarten Kartoffeln dazugeben und mit einem Kartoffelstampfer zerdrücken. Mit etwas Butter anreichern, nach Geschmack salzen und mit geriebener Muskatnuss würzen. Mit dem Kartoffelstampfer nacharbeiten, bis der Brei schön cremig ist.

Linsen / Tellerlinsen

Linsen gibt es getrocknet und sie können in kleinen Portionen zubereitet werden. Sie werden zu Fleisch und Kartoffeln, in Süddeutschland gerne auch zu Spätzle gereicht und vor allem als Eintopf oder Suppe zubereitet. Gekocht werden sollten sie ohne Salz, denn sie werden dann schneller weich. Vor dem Servieren mit Salz und je nach Geschmack mit Essig abschmecken.

- Weicht man sie über Nacht in viel Wasser ein, verkürzt sich die Garzeit um die Hälfte auf ungefähr 30 Minuten.
- Linsen, die nicht eingeweicht wurden, werden in der fast dreifachen Menge Wasser etwa 60 Minuten bei geringer Hitze gekocht.
- Das Kochwasser als Flüssigkeit in eine Mehlschwitze gießen. Die zuvor abgegossenen Linsen werden untergerührt. So bekommt man ein klassisches Linsengericht.
- Probieren Sie einmal Zimt als Gewürz dazu.

Wie Erbsen und Bohnen können auch Linsen zu Blähungen führen. Wenn kein Tee hilft, sollte man besser verzichten.

Okra / Okraschoten

Frisch bekommt man die grünen Schoten im Frühjahr und im Herbst im Gemüsefachhandel und vor allem auch in Asialäden. Die Okraschoten haben einen pikanten, für uns etwas ungewöhnlichen Geschmack, den nicht jeder mag. Werden sie zerkleinert und gekocht, geben sie einen Schleim ab. Das kann man verhindern,

- indem man sie klein schnippelt und in Bratöl brät
- oder vor dem Kochen in siedendem Essigwasser blanchiert.
- Kocht man sie, ohne sie zuvor klein zu schneiden, entsteht auch nur wenig Schleim.

Andererseits wird der Schleim in manchen Eintöpfen als Bindemittel geschätzt. Serviert werden die Okraschoten beispielsweise zu Reis.
Es empfiehlt sich, nur junge, knackige Schoten zu kaufen. Ältere sind oft schon holzig und verlieren an Geschmack und Vitaminen.

Petersilienwurzel

Sie sieht aus wie eine kleine Pastinake, hat einen intensiven Petersiliengeschmack und ist eine gute Suppenzutat. Aber auch ähnlich wie eine Pastinake oder Karotte zubereitet ist sie eine Köstlichkeit. Das Aroma ist intensiv und schon deshalb ist es ein Gemüse, das man in kleiner Menge genießen kann. Als typisches Wintergemüse bekommt man sie auf den Märkten von Oktober bis Februar. Vorteilhaft ist auch, dass man die Wurzeln einzeln kaufen kann und so nicht mehr erhält als die erlaubte kleine Menge.
Die Wurzel wird geschält, in kleine Stücke oder Scheiben geschnitten und zubereitet.

- Eigentlich gehören ein paar Würfel in jede Gemüsesuppe. Dazu etwas erlaubtes Gemüse und etwas Reis und man hat eine aromatische Suppe. Suppengrün und Suppenbrühwürfel sind dann überflüssig.
- Dünne Scheiben oder kleine Würfel in Bratöl braten und zum Schluss etwas gekochten Reis unterziehen. Mit frischem Petersilienkraut ein leckeres schnelles Gericht.
- Man kann sie auch kochen und wie Kartoffeln oder mit diesen halb und halb als Püree zubereiten.

Radieschen

Die kleinen roten runden Wurzeln sind oft das erste heimische Gemüse des Jahres. Sie werden gesalzen und roh gegessen. Es gibt „Künstler", die wundersame Figuren aus ihnen schneiden und damit Büfetts dekorieren. Ein Glück für Liebhaber dieses Gemüses. Schneidet man Radieschen ein und legt sie in Wasser, „entfalten" sie sich an den geschnittenen Stellen.

- Auf Butterbrot ein gesunder Vitaminspender.
- Im Blattsalat eine würzige Beigabe.
- Weniger bekannt ist, dass man sie auch klein geschnitten in Butter kurz dünsten und mit Salz und Pfeffer als Gemüse servieren kann.

Rettich

Die große Wurzel schmeckt ähnlich wie die Radieschen, nur noch etwas schärfer. Diese Schärfe wird durch Salzen reduziert. Dafür den Rettich in dünne Scheiben schneiden, mit Salz bestreuen und nach ein paar Minuten abtupfen oder die Flüssigkeit abgießen. Der Rettich wird dadurch vom enthaltenen scharfen Senföl weitgehend befreit, schmeckt deshalb milder und wird weicher. Verzehrt wird er ähnlich wie Radieschen.

- Mit etwas Geschick lässt sich der geschälte Rettich mit einem scharfen Messer in eine Spirale schneiden, die großzügig gesalzen wird. Das Salz entzieht dem Rettich Flüssigkeit, die nach etwa 5 bis 10 Minuten abgegossen wird. Für das Schneiden gibt es für ein paar Euro sogar einen Rettichschneider.
- Im Blattsalat ist der Rettich eine würzige Zugabe.
- Fein gerieben würzt er Quarkspeisen.

Rosenkohl

Rosenkohl gibt es im Herbst frisch, leider oft nur in großen Portionen abgepackt. Man kann ihn aber leicht einfrieren. Dazu die Röschen putzen, lose nebeneinander auf ein Tablett legen und dieses in den Gefrierschrank stellen. Gefroren in Beutel packen. Tiefgekühlt kann man sie in kleiner Menge entnehmen. Rosenkohl schmeckt kräftig aromatisch, am besten gedünstet und mit einer Soße, wie auf Seite 69 ff. beschrieben, zu Reis, Falafel oder Nudeln.

- Die geputzten Röschen gar dünsten, dann in Butter kurz anbraten und salzen. Dazu nach Geschmack ein paar Mandelscheiben braten – ein Genuss.
- Rosenkohlknospen putzen und halbieren, dann in Bratöl garen. Sie schmecken wunderbar aromatisch und etwas nussig. Man sollte allerdings ständig dabeistehen, häufig umrühren und aufpassen, dass die Blätter, die sich ablösen, nicht verbrennen. Zum Schluss kann man noch ein paar Mandelsplitter oder einige gegarte Esskastanien dazu geben.

Schwarzwurzeln

Das Schälen mit einem Sparschäler ohne Handschuhe ist eine kleine Strafe, denn die frischen Schwarzwurzeln, die roh ihrem Namen alle Ehre machen, geben einen klebrigen Saft ab, der sehr hartnäckig ist. Die geschälten, weißen, langen Wurzeln werden in Stücke geschnitten und gegart. Früher hieß es Schwarzwurzeln sei der Spargel der armen Leute. Man bekommt sie zur Erntezeit von Oktober bis Februar auf dem Markt oder im Naturkosthandel.

- Im Dünsteinsatz mit Wasser dünsten. Eine Soße, wie auf Seite 69 ff. beschrieben, dazugeben und zu Reis servieren.
- Die frische, geschälte Wurzel in 1 cm dicke Scheiben schneiden und in Bratöl zubereiten. Zum Schluss gekochten Reis mitbraten und man hat ein schnelles Gericht.
- Obiges Reisgericht mit etwas Sahne oder einer Mischung aus Milch und Cashewmus anreichern.

Sellerieknolle / Knollensellerie / Wurzelsellerie

Die Sellerieknolle gilt als typisches Suppengemüse. Aber auch gebraten oder im Ofen gebacken schmeckt sie sehr gut. Sellerieknolle kann man im Kühlschrank mindestens zwei Wochen aufheben, sodass man kleine Portionen abschneiden, den Rest in Folie einwickeln und zubereiten kann.

- Als Suppenbeilage in Würfel schneiden und mitkochen. Mit etwas Sellerie in der Suppe spart man das Aroma eines Brühwürfels.
- Die Knolle nach dem Schälen in Stücke schneiden, im Dünsteinsatz garen und mit einer Mehlsoße (Seite 70) anreichern.
- Die Knolle wird nach dem Schälen in etwa 1,5 cm dicke Scheiben geschnitten und ein paar Minuten halb gar gedünstet. Diese Scheiben mit aufgeschlagenem Ei und Paniermehl panieren und in einer großen Pfanne mit viel Bratöl braten. Dieses Rezept ist ein Klassiker in der vegetarischen Küche und galt auch als Fleischersatz in „schlechten Zeiten".
- Wie oben Scheiben andünsten, aber unpaniert in Bratöl braten. Eine leckere Alternative.
- Knollensellerie würfeln, in Rapsöl braten und zum Schluss gegarten Reis mitbraten. Ein schnelles schmackhaftes Reisgericht.

Spargel

Feinschmecker warten sehnsüchtig auf die Spargelzeit, die von Mitte April bis zum 24. Juni (letzter Spargelstich) eine Delikatesse ist. Frische Spargelstangen kann man in der kleinen Menge kaufen, in der sie individuell verträglich ist. Reibt man zwei Stangen aneinander und erzeugt damit ein Quietschen, ist der Spargel frisch. Er lässt sich am einfachsten mit einem Sparschäler schälen. Immer häufiger findet man auch den grünen Spargel im Angebot. Er hat mehr Vitamine und schmeckt ausdrucksvoller.

- Der geschälte Spargel wird im Dünsteinsatz gegart – wofür man ihn auf die passende Größe schneiden muss, oder im Wasser gekocht. In manchen Restaurants wird dem Kochwasser etwas Zucker zugefügt. Alternativ können Sie etwas Traubenzucker zufügen. Ich koche ihn allerdings immer zuckerfrei.
- Eine wunderbare Soße bekommt man, wenn man eine sehr sorgfältig geschälte Spargelstange klein schneidet und zusammen mit etwas Milch und Cashewmus oder mit Schlagsahne püriert. Diese Soße dann zu dem Rest der gegarten Stangen servieren.
- Die geschälten Spargelstangen auf einem Backblech verteilen, mit etwas Speiseöl bepinseln und im Backofen garen.
- Zu Spargel passt sehr gut frisch gehackter Bärlauch, der zur gleichen Zeit geerntet wird. Dazu entweder die oben beschriebene Soße oder einfach nur Butter servieren.

- Grünen Spargel in Salzwasser garen und mit geriebenem Emmentaler oder Parmesan und etwas Butter überbacken.

Als Beilage zu Spargel passen Eierkuchen (Pfannkuchen) mit zerlassener Butter und geriebenem Emmentaler oder Reis. Eine klassische Beilage sind neue Kartoffeln, wenn die darin enthaltene Fructose nicht zu viel ist.

Süßkartoffel / Batate

Diese der Kartoffel ähnliche Knolle ist schnell zubereitet, schmeckt süß und aromatisch. Ich schneide sie gerne in Würfel und füge sie einer Suppe bei.

- Einfach halbieren, mit Speiseöl bepinseln und im Backofen garen. Die Schale ist dick und etwas ledrig und wird nicht mitgegessen. Das Fruchtfleisch lässt sich gut auslöffeln.
- Die geschälte Süßkartoffel würfeln, etwas einölen und wie Ofenkartoffeln auf einem Backblech backen.
- Die Süßkartoffel schälen, in 1 cm dicke Scheiben schneiden, diese in viel Bratfett frittieren und leicht gesalzen wie Bratkartoffeln genießen.

Topinambur

Topinambur enthält zwar wenig Fructose, verursacht aber schon bei Menschen ohne eine Fructoseintoleranz starke Blähungen.

Zwiebeln und Schalotten

Zwiebeln und Schalotten sind leider nur in geringer Menge erlaubt. Da ihr Geschmack aber intensiv ist, reicht schon eine geringe Menge aus, um ein anderes Gericht damit zu würzen.

Mit etwas Salz im Speiseöl glasig gebraten, schmecken sie leicht süß und sind aromatisch. Süße bedeutet Geschmacksverstärkung, und das Aroma passt zu vielen Gemüsesoßen. Sie dicken auch Soßen etwas ein.

- Eine glasig gebratene Zwiebel, etwas gegartes Gemüse, etwas Milch und Cashewmus dazu geben, pürieren und mit Salz abschmecken.
- Eine glasig gebratene Zwiebel, etwas gegartes Gemüse zusammen mit Schlagsahne pürieren. Etwas Verdickungsmittel einrühren, mit Salz und Gewürzen abschmecken und servieren.

Reisgerichte

Bei Reis lohnt es sich, etwas mehr auszugeben und eine gute Qualität zu kaufen, zumal Reis in größerer Menge erlaubt ist und zu jedem Gemüse passt. Wer nur wenig Gemüse essen darf, sollte Risottogerichte zubereiten.
Es gibt etwa 7000 Reisarten, besonders aromatisch ist Basmatireis. Je länger das Reiskorn, desto besser ist die Qualität.
Es gibt verschiedene Qualitätsmerkmale:

- **Basmatireis** – auch Duftreis genannt, gibt es als Naturreis und als weißen Reis. Es gibt große Qualitätsunterschiede. Der Reis sollte schon in der Tüte blumig duften.
- **Camarguereis** ist ein roter schmackhafter Naturreis aus Südfrankreich.
- **Klebereis** wird vor allem in Südostasien zubereitet. Er ist sehr stärkehaltig, wird lange eingeweicht und in speziellen Dünstkörben im Wasserdampf gegart. Er klebt sehr stark zusammen und wird mit den Händen zu Kugeln geformt gegessen. Er schmeckt leicht süßlich und sehr aromatisch.
- **Naturreis** wird nur enthülst und geschält. Das vitamin- und mineralstoffreiche Silberhäutchen wird erhalten. Seine Kochzeit beträgt mindestens 30 Minuten.
- **Parboiled Reis** wird in der Schale eingeweicht, getrocknet und geschält. Bei diesem Vorgang wandern die Mineralien und Vitamine nach innen. Der getrocknete Reis wird geschliffen und dabei vom Silberhäutchen befreit. Die gesunden Nährstoffe bleiben erhalten und der Reis ist schneller gar.
- **Patnareis** ist weißer Reis, dessen Silberhäutchen abgeschliffen wurde.
- **Polierter Reis** ist ebenfalls weißer, geschliffener Reis ohne Silberhäutchen.
- **Risottoreis** ist stärkehaltiger als normaler Reis. Ich koche aber Risotto auch gerne mit jedem anderen guten Reis. Probieren Sie es aus, es ist Geschmackssache.
- **Rundkornreis** ist ein stärkehaltiger runder Reis, der von Natur aus schon einen süßlichen Geschmack hat und für Milchreis verwendet wird.
- **Schwarzer Reis** kommt aus Asien und ist in verschiedenen Qualitäten zu erhalten. In manchen Reismischungen sind sie ein Bestandteil.
- **Wilder Reis** ist im eigentlichen Sinn kein echter Reis, sondern ein Verwandter. Er ist relativ teuer und wird daher oft mit anderem Reis gemischt.

- Neben dem Aroma bestimmt der Bruchanteil im Reis die Qualität:

Spitzenreis:	Bruchanteil 5 %
Standardreis:	Bruchanteil 15 %
Haushaltsreis:	Bruchanteil 25 %
Bruchreis:	Bruchanteil >40 %

Reis kochen

Reis
Wasser
Salz

Pro Person reicht eine halbe Kaffeetasse Reiskörner. Die Mengenverhältnisse Reis zu Wasser, kann man auf zweierlei Art festlegen:

- Ein Teil Reis zu zwei Teilen Wasser. Am besten direkt mit derselben Tasse abmessen.
- Den Reis in den Kochtopf geben und soviel Wasser zufügen, dass er einen Fingerbreit bedeckt ist.

Das Wasser leicht salzen. Den Reis aufkochen und zugedeckt bei reduzierter Hitze schwach köcheln und nicht umrühren. Der Reis saugt das Wasser vollständig auf, wird gar und kann serviert werden. Sofern es kein Naturreis ist, der eine lange Garzeit hat, garen die meisten Reissorten, indem man die Herdplatte nach dem Aufkochen abschaltet oder zumindest auf die geringstmögliche Temperatur einstellt.
In China wird übrigens Reis nicht gesalzen, denn das Gemüse enthält Salz.

Risotto

Gekochter Reis (Risottoreis s. o.)
Gemüse, beliebige (erlaubte) Sorte, gewürfelt
Öl

Der Reis wird gekocht und die Gemüsewürfel werden in einer separaten großen Pfanne unter ständigem Umrühren gebraten. Wenn das Gemüse gar ist, den Reis für eine Minute dazugeben. Er darf nur kurz mitbraten, denn sonst wird er wieder fest. Geeignet ist jeder Reis und jedes Gemüse, Sprossen oder Pilze.
Dieses Gericht ist besonders für diejenigen geeignet, die nur wenig Gemüse vertragen. Es kann so gegessen werden oder zu:

- Avocadocreme (Seite 76)
- Quark mit Kräutern (Seite 94)
- Zaziki (Seite 94)
- Einige getrocknete Steinpilzstücke in warmem Wasser einweichen, separat kurz anbraten und zum Risotto geben, diesen noch einige Minuten quellen lassen und servieren.

Varianten:

- Dem Reis Curry zufügen.
- Eine paar Mandelscheiben mitbraten. Diese schmecken am besten, wenn sie in einer separaten Pfanne oder vorweg, ohne Fett hellbraun geröstet werden. Sie machen das Gericht zu einer Delikatesse.
- Vor dem Servieren etwas Schlagsahne oder Schmand, eventuell gemischt mit etwas Milch oder Wasser zufügen.
- Vor dem Servieren etwas Reisdrink oder Wasser mit einem Nussmus zufügen.

Hackbällchen oder Frikadellen

1 kleine Zwiebel, sofern erlaubt
1 Ei
200 g Hackfleisch
1 Handvoll Paniermehl
Salz

Die Zwiebel entweder sehr fein hacken, durch eine Knoblauchpresse drücken oder, noch besser, mit dem Ei pürieren. Je feiner die Zwiebel, desto aromatischer ist der Geschmack.
Das Hackfleisch in einer Schüssel mit dem Ei verrühren (am besten von Hand), Paniermehl dazugeben, Bällchen oder Frikadellen formen und diese im Bratfett braten.

Varianten:

- Nicht in der Pfanne braten, sondern auf einem Backblech im Backofen.
- Mit Mandelscheiben anreichern.
- Ein Käsestück (Feta oder Edamer) sorgfältig mit dem Hackfleisch ummanteln und vorsichtig braten.

Brote und Brötchen

Brote

Alle Mehle in den Rezepten sind austauschbar. Probieren Sie aus, welches für Sie am verträglichsten ist, und verwenden Sie das dann für alle Rezepte.
Leider verträgt, wer eine ausgeprägte Fructoseintoleranz hat, kein Vollkornmehl. Vollkorn bedeutet, dass das Korn beim Mahlen noch alle Bestandteile enthält. Es ist eigentlich gesünder als Weißmehl, aber auch fructosehaltiger. Mehle ohne die „gesunden Bestandteile" wurden früher Auszugsmehle genannt. Heute hat beispielsweise das entsprechende Mehl die Typenbezeichnung 405. Je höher diese Zahl, desto mehr Mineralstoffe sind enthalten.
Je nach Backofen können die Temperatur und die Backzeit gering abweichen. Brote sollten vorzugsweise zuerst im sehr heißen, vorgeheizten Backofen gebacken werden. Nach etwa 10 Minuten kann die Temperatur reduziert werden. Wer möchte, kann in der ersten Backzeit eine kleine Schale mit Wasser in den Ofen stellen, dann wird die Kruste noch besser. Man kann auch kurz vor Ende der Backzeit mit einem Wassersprüher das Brot kurz befeuchten. Aber auch ohne diesen Aufwand ist selbst gebackenes Brot eine echte Delikatesse, die man bald nicht mehr missen möchte.
Haben Sie keine Scheu, Brot zu backen, es ist wesentlich leichter, als viele glauben.

Backhefe / Hefe / Bäckerhefe / Gest / Germ

Verwenden Sie frische Hefe (in den Rezepten Frischhefe genannt), denn sie ist deutlich preiswerter und für Brote besser geeignet als Trockenhefe.
Frischhefe hält etwa 14 Tage im Kühlschrank und Trockenhefe einige Monate im Küchenschrank. Solange die frische Hefe nicht schimmelt, dunkelbeige ist und gut riecht, ist sie in Ordnung. Wenn Sie aus Haltbarkeitsgründen die Trockenhefe bevorzugen, bekommen Sie gute und geeignete Trockenhefe für Brot im Reformhaus und im Naturkostladen.
Ein Rezept aus Omas Zeiten besagt, dass man zur besseren Haltbarkeit die Frischhefe in ein Glas presst und dieses über Kopf in Wasser stellt. So kann jederzeit Hefe entnommen werden. Das ist mir zu umständlich, zumal man Frischhefe heute in jedem Lebensmittelmarkt, Reformhaus und Naturkostladen bekommt. Sie liegt dort normalerweise im Regal bei den Milchprodukten.

Hefeteig gelingt immer

Es gibt viele Märchen rund um das Zubereiten von Hefeteig.

- Nicht wahr ist, dass der Teig Wärme benötigt. Hefeteig geht auch bei Kälte auf, es dauert nur länger, was aber dem Geschmack eher gut tut.
- Es stimmt nicht, dass keiner die Küche betreten darf, nur, weil dort ein Hefeteig aufgeht. Türen knallen darf man ebenso. So schnell bringt man keinen Hefeteig zum Einfallen. Und sollte es passieren, ist es nicht schlimm, er geht erneut auf.
- Hefeteig benötigt keinen Zucker oder Honig, um aufzugehen, es geht damit nur etwas schneller.
- Der Teig muss nicht eine bestimmte Zeit ruhen. Je kälter, desto länger braucht er. Es macht aber auch nichts, wenn er zu lange aufgeht. Er fällt dann wieder etwas ein, was aber am Geschmack nichts ändert.
- Früher wurde das Mehl wie ein Vulkanberg auf einer Arbeitsplatte gehäuft. Die Hefe, aufgelöst in etwas Milch oder Wasser, kam dann in die Kuhle. Mit einem Holzlöffel wurde beim anschließenden Umrühren der aufgelösten Hefe, immer etwas mehr Mehl eingerührt. Viele haben dieses Bild noch vor Augen und meinen, genau diese Zubereitung, gegebenenfalls in einer Schüssel, mache einen guten Hefeteig aus.
- Ich gebe meistens alle Zutaten gleichzeitig in die Schüssel, die ich dann mit dem Knethaken des Mixers zu einem Teig verrühre. Das klappt immer. Nach jahrelangem Backen musste ich auch schon lange nichts mehr abwiegen – außer für die Rezepte in diesem Buch.

Zubereitung des Hefeteigs

Trockenhefe kann einfach mit dem Mehl vermischt werden. Die Frischhefe in etwas Wasser bröseln und verrühren, sie löst sich dann schnell auf.

Wer möchte, kann einen Löffel Mehl zufügen und diesen Vorteig 15 bis 30 Minuten ruhen lassen. Das ist aber nicht unbedingt nötig. Wenn Sie testen wollen, ob Ihre Frischhefe noch treibt, ist ein solcher Vorteig sinnvoll, denn ist die Hefe zu alt, geht er nicht auf.

Wenn Sie also die Frischhefe – die übrigens in den Kühlschrank gehört – aufgelöst haben, können Sie schon alle anderen Zutaten einfügen und mit den Knethaken Ihres Mixers oder Küchengerätes zu einem Teig kneten. Ich nehme immer zuerst etwas weniger Wasser und ergänze es bei Bedarf.

Der Teig sollte Blasen bilden und sich vom Schüsselrand lösen. Das ist meistens nach etwa 5 Minuten der Fall.

Die Schüssel sollte deutlich mehr Platz bieten, als der Teig jetzt groß ist.
Die Schüssel mit einem Tuch abdecken. Ich befeuchte dieses, damit die Teigoberfläche nicht austrocknet. Alternativ können Sie den Teig mit viel Mehl bestäuben, was aber nicht so effektiv ist, oder Sie bedecken die Schüssel mit einer nassen Küchenfolie.
Wenn der Hefeteig etwa die doppelte Größe erreicht hat, wird er erneut geknetet und kann gebacken werden. Am besten geht dieses Kneten mit bemehlten Händen – außer bei Reisteig. Hier sind die Knethaken besser.

Zubereitung von Reisbrot

Der Reis enthält kein eigenes Klebereiweiß, welches das Brot zusammenhält. Deshalb muss etwa 1 % Verdickungsmittel zugefügt werden. Dafür sind Guarkernmehl oder Johannisbrotmehl geeignet. Der Teig darf nicht so fest sein, wie der Teig aus „normalem" Getreide, denn sonst wird das Brot zu fest und schmeckt nicht. Es ist auch etwas mehr Hefe notwendig. Durch das Verdickungsmittel lässt sich der Teig nicht mit den Händen kneten, außer man befeuchtet sie mit Wasser bei Brot oder mit etwas Speiseöl bei Kuchen. Ich benutze nur einen Teigschaber mit Griff, den ich zwischendurch anfeuchte. Reisbrot ist, sofern kein anderes Getreide beigemischt ist, glutenfrei.
Ansonsten ist die Zubereitung ebenso einfach wie aus „normalem" Mehl.

Hefeteig im Kühlschrank

Eine praktische Methode für Berufstätige: Man kann den Teig am Vorabend oder morgens vor der Arbeit herstellen und nach der Arbeit verbacken.
Der Hefeteig wird, wie beschrieben, hergestellt, allerdings mit fast nur halb soviel Hefe. Er wird dann für 12 bis 20 Stunden im Kühlschrank gelagert und geht dort langsam auf.
Den Teig herausnehmen, verkneten etwas ruhen und erwärmen lassen und wie üblich in einer Kastenform oder freigeschoben (ohne Form) backen.
Vor allem bei dieser Methode sollten Sie die Saaten oder Nüsse erst vor dem Backen einkneten, sie verlieren sonst an Aroma und Biss.

Brot in Backformen oder freigeschoben*

Das Einfachste ist, wenn man den Teig in einer Kastenform backt. Trotz Beschichtung bleibt das Brot aber darin kleben, zumal diese Form nicht gefettet wird. Um das zu vermeiden, lege ich den Teig auf Backpapier, manövriere das Ganze in die Form, befeuchte eine Hand mit viel Wasser und verteile den Teig im Kasten. Das geht schnell und problemlos.
Kurz bevor das Brot fertig ist, kippe ich es vorsichtig heraus, befreie es vom Papier – was sehr einfach geht – und backe es zu Ende. Es bekommt dann eine wunderbare Kruste.
Das Backpapier kann man mehrfach verwenden.

* Jedes Brot kann auch „freigeschoben" (das ist der Fachbegriff im Bäckerhandwerk) gebacken werden. Dafür wird der Teig zu einem Laib geformt und ohne Form gebacken. Roggenbrot wird auf diese Weise etwas flacher. Toastbrot lässt sich eigentlich nur in der Kastenform backen, denn der Teig ist nicht ganz so fest.

Brotgewürze

Ich habe es in den Rezepten nicht extra erwähnt, denn Sie können die Gewürze, je nach Geschmack, jedem Rezept zufügen. Durch die Beigabe verändern sich die anderen Zutatenmengen nicht.
Beliebt sind Kümmel, Anis, Fenchelsaat, Koriandersaat und Bockshornklee. Diese können gemahlen, zerrieben und auch ganz (vor allem Kümmel) zugefügt werden. Die Menge und Zusammensetzung ist eine individuelle Geschmackssache. Es gibt auch Fertiggewürze, ich nehme lieber die Einzelgewürze und habe so mehr Abwechslung.
Fladenbrot wird gerne mit Schwarzkümmel bestreut.

Saaten und Nüsse im Brot

Beliebt sind Leinsaat, Sonnenblumenkerne und Sesamsaat im Brot. Eine kleine Menge – nach Geschmack vorher ohne Fett in einer Pfanne geröstet – verändert nichts an den Zutatenmengen. Kürbiskerne im Brot sind eine Delikatesse. Ein Zuviel dieser Saaten macht allerdings den Teig schwer und er geht weniger auf. Das Brot wird fester.
Besonders lecker im Brot sind ein paar grob gehackte Walnüsse / Baumnüsse, ganze Haselnüsse oder Mandelstücke. Auch hier gilt: Zu viel ist nicht sinnvoll.

Sie können diese Saaten und Nüsse sofort einkneten oder erst kurz vor dem Backen, wobei sie dann im fertigen Brot knackiger sind.
Zusätzlich einige von außen mit den Händen in den Teig eindrücken oder den Teig darin wälzen, denn sonst fallen sie hinterher alle nur ab. Die äußeren nicht vorher rösten.

Essig im Brot

Jedes Brot bekommt einen besseren Geschmack durch eine kleine Essigmenge. Dabei reicht schon ein Teelöffel. Mehr als ein Esslöffel auf 500 g Mehl sollte es nicht sein. Der Essig nimmt auch den Hefegeschmack.

Backzeiten

Ich habe in den Rezepten keine Backzeiten angegeben, denn sie variieren je nach Größe, der Kastenform. Wenn nur eine Person von dem Brot isst, kann man mehrere kleine Brote gleichzeitig backen, was – auf Grund der Brotgröße – die Backzeit verkürzt.
Grundsätzlich sollte man den Backofen zunächst hoch einstellen, z. B. 180 °C Heißluft, und wenn diese Temperatur erreicht ist, auf 160 °C reduzieren. Den ersten Klopftest kann man meistens nach 40 Minuten machen. Zu dem Zeitpunkt kann man auch das Brot aus der Kastenform nehmen und ohne sie weiterbacken.

Klopftest

Um festzustellen, ob ein Brot tatsächlich fertig gebacken ist, wird es aus dem Ofen herausgenommen – mit einem großen Topflappen, Vorsicht, heiß! – und von unten mit dem Zeigefinger beklopft. Klingt es hohl, ist das Brot ausgebacken. Diesen Klang lernt man sehr schnell zu erkennen.

Weizenbrot

20 g Frischhefe
etwa 450 ml Wasser
500 g Weizenmehl Type 405
1 TL Salz

Die Hefe im Wasser auflösen, alle anderen Zutaten zufügen und mit dem Knethaken zu einem Teig kneten, der ein paar Stunden ruhen sollte.
Das Brot kann freigeschoben oder in einer Kastenform gebacken werden. Man kann auch kleine Kugeln formen und Brötchen daraus backen.

Varianten:
- Das Mehl gegen Dinkel- oder Roggenmehl tauschen.
- Verschiedene Mehle mischen.

Nussbrot

20 g Frischhefe
etwa 450 ml Wasser
500 g Weizenmehl Type 405
1 TL Salz
100 g Mandelsplitter

Die Hefe im Wasser auflösen, Mehl und Salz zufügen und mit den Knethaken zu einem Teig kneten, der ein paar Stunden ruhen sollte.
Dreiviertel der Mandelsplitter in einer Pfanne ohne Fett rösten und vor dem Backen unter den Teig kneten. Den Teig zu einer ovalen Kugel formen, in den restlichen, nicht gerösteten Mandeln wälzen und freigeschoben oder in einer Kastenform backen.

Varianten:
- Alternativ Sonnenblumenkerne verwenden.
- Besonders aromatisch sind Walnuss-/Baumnussstücke, die unter den Teig geknetet werden.
- Sesam und Leinensaat in kleiner Menge jeweils einzeln oder zusammen unterkneten.

Kartoffelbrot

20 g Frischhefe
etwa 420 ml Wasser
1 Kartoffel
500 g Weizenmehl Type 405
1 TL Salz

Die Hefe im Wasser auflösen. Die rohe Kartoffel schälen, reiben und einrühren. Danach Mehl und Salz zufügen und mit dem Knethaken zu einem Teig kneten, der ein paar Stunden ruhen sollte.
Das Brot freigeschoben oder im Kasten backen.

Varianten:
- Die Kartoffelmenge darf bis zu einem Viertel der Mehlmenge ausmachen.
- Mit Nüssen oder Saaten anreichern.

Joghurtbrot

20 g Frischhefe
etwa 320 ml Wasser
125 ml Naturjoghurt
500 g Weizenmehl Type 405
1 TL Salz

Die Hefe im Wasser auflösen. Joghurt unterrühren. Danach Mehl und Salz zufügen und mit dem Knethaken zu einem Teig kneten, der ein paar Stunden ruhen sollte.
Das Brot freigeschoben oder im Kasten backen.

Varianten:
- Die Hefemenge knapp halbieren und den Teig 12 bis 16 Stunden im Kühlschrank aufgehen lassen.
- In einigen Gebieten der Türkei wird aus diesem Teig Fladenbrot gebacken. Die kleinen schwarzen Körner darauf sind Schwarzkümmelsamen. Alternativ kann man die Brote vor dem Backen mit Sesam bestreuen.

Toastbrot

30 g Frischhefe, etwa 450 ml Wasser
500 g Weizenmehl Type 405, 1 TL Salz

Die Hefe im Wasser auflösen, Mehl und Salz zufügen und mit den Knethaken zu einem Teig kneten, der eine Stunde ruhen sollte. Der Teig geht stärker auf und das Brot wird lockerer. Es muss in einer Kastenform gebacken werden.

Tipp:
- Das Brot wird beim Toasten etwas schneller dunkel, wenn man 1 TL Dinkelsirup in den Teig gibt.

Reisbrot

500 g Reismehl, grob gemahlen
5 g Guarkernmehl, 1 TL Salz
450 ml Wasser
1 Päckchen Frischhefe (42 g)

Das Reismehl mit dem Guarkernmehl sowie dem Salz vermischen. Die zuvor in Wasser aufgelöste Frischhefe hinzufügen und mit dem Knethaken zu einem Teig verarbeiten, der nicht so fest sein darf wie „normaler" Teig. Er klebt noch am Rand fest.
Den Teig etwa 2 Stunden aufgehen lassen – er verdoppelt sich nicht dabei – und in einer Kastenform backen. Dafür den Teig am besten mit einem Teigschaber aus der Schüssel holen und auf Backpapier legen. Dieses Papier mitsamt dem Teig in die Kastenform legen und mit einem nassen Teigschaber oder mit nassen Händen die Oberfläche glatt streichen.
Der Teig klebt am Teigschaber und an den Händen, wenn diese nicht nass sind. Weitere Hinweise auf Seite 118.
Das Brot ist fertig, wenn es sich beim Beklopfen hohl anfühlt.

Varianten:
- Buchweizenmehl verwenden oder einen Teil des Reismehls dadurch ersetzen.
- Einen Teil des Wassers durch Joghurt ersetzen.
- Die Wassermenge etwas reduzieren und eine rohe Kartoffel hineinreiben. Das Brot wird dann besonders locker.
- Saaten und Nüsse in geringer Menge zufügen.

Brötchen

20 g Frischhefe, etwa 420 ml Wasser
1 Kartoffel
500 g Weizenmehl Type 405
1 TL Salz

Die Hefe im Wasser auflösen. Die rohe Kartoffel schälen, reiben und einrühren. Danach Mehl und Salz zufügen und mit den Knethaken zu einem Teig kneten, der ein paar Stunden ruhen sollte. Kugeln daraus formen und auf Backpapier backen. Die Brötchengröße ist beliebig.

Varianten:
- Die Kartoffel durch mehr Wasser ersetzen.
- Ein paar Sonnenblumenkerne zum Teig geben und die Teiglinge darin wälzen.

Pizzabrötchen

20 g Frischhefe, etwa 450 ml Wasser
500 g Weizenmehl Type 405, 1 TL Salz
zum Bestreichen:
4 bis 6 EL Olivenöl, 1 TL Oregano
1 TL Paprika, edelsüß, 1 Prise Salz

Die Hefe im Wasser auflösen, Mehl und Salz zufügen und mit den Knethaken zu einem Teig kneten, der ein paar Stunden ruhen sollte.
Aus dem Teig walnussgroße Bällchen formen, auf ein mit Backpapier belegtes Backblech legen und 10 Minuten bei 160 °C backen.
Inzwischen den Aufstrich vorbereiten: Oregano zwischen den Fingern oder den Handflächen zerreiben, dann wird er aromatischer. Öl und Gewürze vermischen und mit einem Backpinsel auf die fast fertigen kleinen Brötchen streichen. Weitere 5 Minuten backen und aufpassen, dass das Paprikapulver nicht schwarz wird, denn sonst wäre die ganze Köstlichkeit verdorben. Daher setze ich mich bei diesem zweiten Backvorgang immer direkt vor den Ofen, um die Brötchen im Blick zu behalten.
Die Pizzabrötchen schmecken gut zu Salat und vor allem zu einer Avocadocreme.

Varianten:
- Die Teiglinge vor dem Backen in Mandelstückchen drücken.
- Schmeckt auch wunderbar mit einem Anteil roh geriebener Kartoffel und entsprechend weniger Wasser.
- Einen Teil des Wassers durch Naturjoghurt ersetzen.

Laugenbrötchen

20 g Frischhefe
etwa 450 ml Wasser
500 g Weizenmehl Type 405
1 TL Salz
2 l Wasser
3 EL Natron (Kaisernatron, Backnatron)

Die Hefe im Wasser auflösen, Mehl und Salz zufügen und mit den Knethaken zu einem Teig kneten, der ein paar Stunden ruhen sollte.
Mit öligen Händen Kugeln formen, die der Größe einer Mandarine entsprechen, und beiseitelegen. In einem großen Kochtopf das Natron in das Wasser einstreuen und aufkochen.
In dieser kochenden Lauge werden die Teiglinge etwa 5 Minuten gekocht. Dabei die oben schwimmenden Teiglinge gelegentlich mit einem Kochlöffel anschubsen, damit sie rundherum Lauge abbekommen.
Sie lassen sich dann mit einem Schaumlöffel entnehmen und kommen direkt auf ein mit Backpapier belegtes Backblech. Sie sind etwas größer geworden und müssen noch kreuzweise eingeschnitten werden. Die meisten haben allerdings einen Riss bekommen. Gelingt es diesen nach oben zu legen, müssen keine Schnitte mehr gemacht werden.
Die Laugenbrötchen werden bei 180 °C etwa 20 Minuten hellbraun gebacken. Sie lassen sich sehr gut einfrieren und können im Backofen oder im Toaster kurz aufgebacken werden. Mit Butter, Käse oder Wurst belegen oder einfach zu einer Avocadocreme servieren.

Varianten:
- Gelingt auch gut aus dem Kartoffelbrotteig.
- Aus dem Reismehlbrot hergestellt, sind die Brötchen glutenfrei.

Ciabattabrötchen

15 g Fischhefe
400 ml Wasser
2–3 EL Olivenöl
2 TL Salz
500 g Mehl Type 405

Aus allen Zutaten wird ein Teig geknetet, der einige Stunden, am besten über Nacht, ruhen sollte. Vor dem Backen werden längliche Brötchen geformt, die etwa 20 Minuten bei 170 °C Heißluft gebacken werden.
Dieser Teig ist auch als Pizzateig oder für Minibrötchen geeignet.

Paniermehl / Semmelbrösel

Paniermehl ist nur manchmal zuckerhaltig. Die Angabe finden Sie auf der Verpackung. Wenn Sie selbst Brötchen oder Weißbrot backen, sollten Sie keinen Rest wegwerfen, sondern an einem warmen Platz trocknen. Das kann im Sommer der Raum sein oder im Winter der Heizkörper. Das getrocknete Brötchen oder Weißbrot wird einfach mit einer feinen Reibe gerieben und trocken aufbewahrt.
Sie können es dann zum Panieren beispielsweise von Selleriescheiben oder für Hackbällchen und Frikadellen verwenden.

Panieren

Ei
Paniermehl
Salz
Fleisch, Fisch oder Gemüse

Das Ei in einem Teller mit einer Gabel kurz aufschlagen. In einen weiteren Teller das mit etwas Salz angereicherte Paniermehl geben.
Was paniert werden soll, im Ei und anschließend im Paniermehl wälzen. Danach in viel heißem Fett (Bratöl, Rapsöl u. a.) braten.

Süßspeisen

Eiscremes

Wichtig beim Eisherstellen ist das häufige Rühren beim Einfrieren, vor allem zu Beginn. Für Eisliebhaber gibt es Eismaschinen, diese kühlen und rühren gleichzeitig. Nach etwa 20 Minuten ist das Eis schon verzehrbereit.
Die verzehrfertige Eiscreme kann nach Bedarf in Portionen eingefroren werden.

Beeren-Joghurt-Eiscreme

Joghurt, pur
Beeren nach Geschmack
Traubenzucker

Im Joghurt die erlaubte Beerenmenge pürieren und mit Traubenzucker abschmecken. Die Creme in der Kühltruhe erkalten lassen, dabei gelegentlich umrühren. Alternativ in die Eismaschine füllen und dort weiterverarbeiten.

Variante:
- Halb Schlagsahne, halb Joghurt verwenden.

Beeren-Sahne-Eiscreme

Sahne / Rahm
Beeren nach Geschmack, frisch oder tiefgekühlt
Traubenzucker

In der Sahne die erlaubte Beerenmenge pürieren und mit Traubenzucker abschmecken. Wenn es nur wenige Tiefkühlbeeren sind, in der Kühltruhe weiter erkalten lassen, dabei gelegentlich umrühren.

Vanille-Sahne-Eis

1 Ei
etwa 150 g Traubenzucker
200 ml Schlagsahne
100 ml Milch
Mark von ½ Bourbon-Vanilleschote

Das Ei zusammen mit dem Traubenzucker cremig schlagen und die restlichen Zutaten hinzufügen. Diese Creme anschließend unter mehrmaligem Umrühren einfrieren oder zum Frosten und Rühren in die Eismaschine füllen.

Varianten:

- 1 EL Kakao und etwas mehr Traubenzucker zufügen.
- Einen Riegel Traubenzuckerschokolade raspeln und zufügen.
- Die Sahne halbsteif schlagen und unter die Eiermilch rühren.

Walnuss- / Baumnusseiscreme

2 EL Dinkelsirup
50 g Butter
100 g gehackte Walnüsse
250 ml Schlagsahne
250 ml Milch
150–200 g Traubenzucker

Den Dinkelsirup und die Butter in einem kleinen Topf erwärmen, die Walnussstücke zufügen, unter ständigem Umrühren zwei bis drei Minuten karamellisieren lassen, vom Herd nehmen, erkalten lassen und in den Kühlschrank stellen. Die Sahne etwas schlagen, die Milch zufügen, mit dem Traubenzucker abschmecken und zusammen mit den karamellisierten Walnüssen in der Eismaschine rühren und frosten.

Nachspeisen

Probieren Sie Ihr Lieblingsrezept mit Traubenzucker oder Dinkelsirup aus. Eine Mischung aus beiden schmeckt manchmal am besten. Sie benötigen von beiden etwas mehr als vom üblichen Haushaltszucker.
Was die Süßigkeit in Speisen angeht, hat jede Person einen anderen Geschmack. Schmecken Sie alle Süßspeisen ab, das erspart auch das Abwiegen.

Quarkspeise

Quark
Milch
Dinkelsirup
Kakaopulver

Quark und Milch (ungefähr halb und halb) cremig rühren, mit Dinkelsirup und Kakao würzen. Die Menge richtet sich nach dem eigenen Geschmack.

Varianten:
- Statt Milch Sahne zufügen, vor allem, wenn es ein Magerquark ist.
- Gehackte Traubenzuckerschokolade zufügen.

Gojibeeren im Quark

Gojibeeren
1 Kaffeetasse Milch
250 g Quark
Dinkelsirup

Die erlaubte Menge an Gojibeeren etwa 10 Minuten in der Milch einweichen und darin pürieren. Diese orangefarbene Creme in den Quark einrühren und mit Dinkelsirup abschmecken.

Varianten:
- Etwas geschlagene Sahne zufügen.
- Mit etwas Zimt würzen.

Papaya

1 Papaya

Die Papaya halbieren, die kleinen Kerne in der Mitte mit einem Esslöffel entfernen und zum Essen das Fleisch auslöffeln.
Die Kerne können als pfefferähnliches Gewürz verwendet werden. Sie lassen sich dafür – am besten auf einem Teller auf der Heizung oder im Dörrgerät – trocknen und in der Pfeffermühle mahlen.

Gebratene Papaya

1 Papaya
Bratöl
Salz
Getrocknete Papayakerne

Die Papaya schälen, in 1 bis 1,5 cm dicke Scheiben schneiden, die Kerne entfernen und im heißen Öl braten, bis sie eine hellbraune Haut haben. Heiß mit Salz und zuvor getrockneten und gemahlenen Papayakernen würzen.

Varianten:
- Mit Butter braten.
- Mit Pfeffer würzen.

Bratpapaya nach der Art von Bratäpfeln

1 Papaya
1/2 Tasse Wasser
ca. 3 EL Gojibeeren
3 EL Nüsse
1 TL Zimt
1 TL Butter

Die Papaya quer halbieren, entkernen und erst dann schälen. Die beiden Spitzen der Papayahälften kappen, damit sie besser stehen. Ist dabei ein Loch entstanden, macht es nichts aus. Die Papayahälften in einen Bräter oder eine feuerfeste Schüssel mit etwas Wasser stellen und mit den Gojibeeren und Nüssen füllen. Die Füllung mit einem halben Teelöffel Zimt bestreuen, einen halben Teelöffel Butter darüberlegen und etwa 45 Minuten bei 150 °C ohne Heißluft backen. Schmeckt köstlich zu Naturjogurt.

Varianten:
- Statt Gojibeeren oder ergänzend etwas Fruchtfleisch würfeln und als Füllung, zusammen mit Nüssen, Zimt und Butter verwenden.
- In das Wasser ein Zimtstück und ein paar Kardamomkapseln legen und dieses Würzwasser vor dem Servieren über die Papaya gießen.

Papayaquark

250 g Magerquark
½ Becher Schlagsahne
100 ml Milch
1 Papaya
Dinkelsirup nach Geschmack

Den Quark mit der Sahne und der Milch verrühren.
Die Papaya halbieren, die kleinen Kerne in der Mitte mit einem Esslöffel entfernen, das Fruchtfleisch mit einer Gabel zerdrücken und in die Quarkcreme einrühren. Nach Geschmack süßen und servieren.

Papayajoghurt

1 Jogurt
¼ Papaya

Die Papaya halbieren, die kleinen Kerne in der Mitte mit einem Esslöffel entfernen und die Frucht vierteln. Das Fruchtfleisch mit einer Gabel zerdrücken und in den Joghurt einrühren.

Papayakuchen

½ Becher Schlagsahne (100 ml)
2 Eier, 200 g Traubenzucker
200–220 g Weizenmehl Type 405
½ Päckchen Backpulver, 1 Prise Salz
Belag:
1 Papaya

Die Sahne und Eier cremig schlagen, den Traubenzucker und anschließend den Rest der Zutaten zufügen. Eine Springform mit dem Teig auslegen.
Die Papaya schälen, halbieren, entkernen und in Stücke oder Würfel schneiden. Anschließend gleichmäßig auf dem Teig verteilen und bei 160 °C Heißluft etwa 30 Minuten backen.

Variante:
- Einen Belag aus 50 g geschmolzener Butter, 100 g gehackten Mandeln, 150 g Traubenzucker und 1 Ei herstellen und nach der halben Backzeit auf der Papaya verteilen. Die Mandeln karamellisieren dann.

Gedeckter Papayakuchen

200 g Weizenmehl Type 405
1 Prise Salz, 1 Päckchen Bourbon-Vanille
½ TL Backpulver, 50 g Butter
80 g Dinkelsirup, löffelweise Milch
Belag:
½–1 Papaya, geschält

Mehl, Salz, Vanille, Backpulver, Butter und Dinkelsirup in eine Schüssel füllen und zu einem Teig kneten. Nach Bedarf etwas Milch zufügen.
Die Papaya entkernen und in kleine Würfel schneiden. Dreiviertel des Teigs in einer Springform verteilen und mit den Papayawürfeln belegen. Den restlichen Teig flach ausrollen und darüber decken.
Bei 160 °C Heißluft etwa 20 bis 30 Minuten backen.

Varianten:
- Für die letzten 10 Minuten Mandelblättchen darüber streuen.
- Vor dem Servieren mit Naturjoghurt bestreichen.

Kakaojoghurt

1 TL Kakaopulver
1 Joghurt, pur, Traubenzucker

Den Kakao in den Joghurt einrühren und mit Traubenzucker abschmecken. Das geht erstaunlich einfach und schnell und schmeckt gut.

Varianten:

- Mit Dinkelsirup süßen.
- Geraspelte Traubenzuckerschokolade einrühren.

Schokojoghurt

1 Joghurt, pur
2 bis 3 Stücke Traubenzuckerschokolade

Die Traubenzuckerschokolade raspeln und in den Joghurt einrühren.

Variante:

- Nach etwa 10 Minuten erneut umrühren, die Schokolade hat sich dann aufgelöst und verteilt sich cremig im Joghurt.

Milchreis im Bett

½ l Milch, 100–125 g Milchreis
1 Prise Salz, Traubenzucker

Die Milch aufkochen, den Milchreis und das Salz einrühren und nochmals aufkochen lassen. Den Topf anschließend in ein oder zwei Handtücher wickeln, gut zugedeckt abstellen (das Bett wäre ein idealer Ort). Nach etwa 2 Stunden ist der Milchreis gar, nicht angebrannt und hat wenig Strom verbraucht. Würde man ihn auf dem Herd kochen, müsste er zudem häufig umgerührt werden.
Milchreis hat einen eigenen süßen Geschmack, der oft schon ausreicht. Deshalb sollte man ihn probieren und erst dann mit Traubenzucker abschmecken. Um ihn ganz heiß zu servieren, kann er noch mal kurz aufgekocht werden.

Varianten:
- Etwas Schlagsahne in den fertigen Milchreis einrühren.
- Mit Zimt und Traubenzucker bestreuen.
- Vor dem Servieren gehackte Traubenzuckerschokolade einrühren.

Holunderbeersuppe

Einlage
1 Ei, ½ l Milch
5 EL Grieß, 1 Prise Salz
1 EL Butter
2 EL Dinkelsirup
Suppe
1 Flasche (750 ml) Holunderbeersaft ohne Zucker
1 Päckchen Puddingpulver,
Traubenzucker, Dinkelsirup

Das Ei in die Milch einrühren, aufkochen, Grieß und Salz einrühren und bei geringer Hitze ein paar Minuten gar quellen lassen. Die Butter unterrühren, mit dem Dinkelsirup abschmecken und erkalten lassen.
In etwas Holunderbeersaft das Puddingpulver auflösen und den Rest des Saftes erhitzen. Sobald er kocht, den Herd ausschalten und das aufgelöste Puddingpulver mit einem Schneebesen einrühren. Die Suppe mit Traubenzucker und Dinkelsirup abschmecken, wobei der Saft einige Süße benötigt.
Aus der Grießmasse mit dem Teelöffel Klößchen formen und in die Suppe einlegen.
Die Suppe wird heiß oder kalt gegessen.
Den Saft ohne Zucker, bekommen Sie im Naturkostladen, Reformhaus und in Apotheken.
Holunderbeersaft ist ein altes Hausmittel bei Erkältungen. Deshalb eignet sich die Suppe, heiß serviert, besonders gut für die kalte Jahreszeit.
Die Suppe gegebenenfalls portionsweise einfrieren.

Varianten:
- Mit Zimt würzen: Entweder die Grießeeinlage oder die Suppe.
- Mit einer Messerspitze Lebkuchengewürz aromatisieren.
- Die Grießeeinlage mit Bourbon-Vanille verfeinern.
- Die Grießeeinlage schmeckt auch ohne Ei, dafür etwa 40 ml Milch zufügen.
- Die warme Suppe ohne Grießeeinlage über kalten Pudding gießen.

Pudding

½ l Milch
1 Päckchen Puddingpulver
2 EL Traubenzucker
1 TL Dinkelsirup

Das Puddingpulver in etwas Milch auflösen, den Rest der Milch aufkochen und vom Herd nehmen. Das aufgelöste Puddingpulver, den Traubenzucker und den Dinkelsirup mit einem Schneebesen einrühren, noch einmal auf den noch warmen Herd stellen und kurz aufkochen.

Varianten:
- Schokoladenpudding: 1 EL Kakao und 1 TL Dinkelsirup einrühren.
- Etwas Traubenzuckerschokolade raspeln, in den fertigen Pudding rühren.
- Ein Eigelb in die Milch rühren, das Eiweiß zu Schnee schlagen und in den fertigen, etwas erkalteten Pudding einrühren.

Honig- oder Zuckermelone

Melone

Die Melone halbieren, entkernen und auslöffeln. Da man meistens keine ganze verträgt, entweder mit jemandem teilen oder die Schnittfläche der restlichen Melone mit Küchenfolie abdecken. Im Kühlschrank aufbewahren.

Melone mit Quark

Melone
250 g Magerquark, 50 ml Schlagsahne
Traubenzucker nach Geschmack

Die erlaubte Menge der Melone pürieren und mit dem Quark und der Sahne verrühren. Nach Geschmack nachsüßen.

Varianten:
- Mit Raspeln aus Traubenzuckerschokolade bestereuen.
- Einige Melonenstücke unterrühren.

Joghurt-Melonen

1 Stück Melone
2 EL Schlagsahne
1 Joghurt

Die Melone pürieren, mit Sahne und Joghurt zu einem leckeren Joghurtgetränk verrühren.

Varianten:
- Wenn nicht so viel Melone vertragen wird, weniger verwenden und mit Traubenzucker süßen.
- Einen Teil der Melone durch Papaya ersetzen.

Kuchen und Gebäck

Kuchen

In den folgenden Rezepten für Kuchen und Plätzchen können Sie immer entweder Weizenmehl (Type 405) oder feines Dinkelmehl verwenden. Die meisten Kuchen lassen sich portionsweise einfrieren und können dann bei Bedarf aufgetaut und gegessen werden. Sofern Mandeln, Nüsse oder Saaten im Rezept enthalten sind, können Sie diese beliebig austauschen, je nach Verträglichkeit und Geschmack. Nur Erdnüsse sind tabu und dürfen nicht verwendet werden.
Für jeden Kuchen gilt, dass Sie den Teig individuell abschmecken können. Backpulver hat einen intensiven Geschmack, der allerdings beim Backen verschwindet. Fügen Sie es gegebenenfalls erst zum Schluss zu – also nach dem Abschmecken. Wie süß ein Kuchen sein darf, richtet sich nach Ihrer persönlichen Vorliebe. Butter kann gegen laktosefreie Margarine ausgetauscht werden, wenn zusätzlich eine Laktoseintoleranz besteht.
Dinkelsirup kann durch Reissirup ersetzt oder ergänzt werden.
Die Traubenzuckermenge kann reduziert und die Sirupmenge erhöht werden.
Die Backzeiten sind genauso ofenabhängig wie die Temperaturen. Deshalb sind die Angaben in diesem Buch nur Richtwerte. Heißluft (Umluft) spart etwas Strom. Wer keine Heißluft hat, sollte die Temperatur etwa 20 °C höher einstellen.

Ob mit oder ohne Vorheizen, hängt ebenfalls vom Backofen ab. Die neuen Küchenherde sind bei Heißluft schnell warm oder benötigen gar keine Vorheizzeit.
Schokolade gibt es mit Traubenzucker gesüßt. Sie lässt sich auch selbst herstellen, ist dann aber meistens nicht so lecker und hat nicht immer die richtige Konsistenz.
Schokostreusel kann man durch Abschaben mit einem scharfen Messer oder mit der Raspel selbst herstellen. Dafür sollte die Schokolade kalt oder angefroren sein.
Fast jedem Kuchen kann man ein appetitliches Aussehen verleihen, wenn man etwas Traubenzucker mit einem feinen Sieb darüberstreut.

Portionsgrößen und Backformen

Wenn Sie nur einen kleinen Kuchen für eine Person backen möchten, können Sie fast alle Rezepturen halbieren. Sie benötigen dann aber kleinere Backformen. Diese kann man kaufen oder selbst basteln.

- Jede Kastenform lässt sich verkleinern. Dafür genügt eine Tasse oder ein Becher (feuerfest), mit denen man den Innenraum der Form verringert und dann mit Backpapier auskleidet. Nun kann man den Teig einfüllen.
- Runde Backformen kann man mit einem Tortenring aus Metall herstellen. Dieser wird einfach auf ein Backblech oder den Boden der Backform gelegt. Die Größe kann dann je nach Wunsch angepasst werden. Die kleinste Kuchenform passt gut auf einen flachen Essteller, der dann als Kuchenplatte dienen kann.

Nadelprobe / Stäbchenprobe

Um zu erkennen, ob ein Kuchen fertig gebacken ist, steckt man eine lange Nadel, zum Beispiel eine Metallstricknadel oder einen Metallspieß, in den vermeintlich fertigen Kuchen. Ist er tatsächlich fertig gebacken, bleibt nichts daran hängen. Ein Schaschlikspieß aus Holz ist ebenfalls geeignet.

Mandelkuchen

1 Becher Schlagsahne (200 ml)
3 Eier, 250 g Traubenzucker
3 EL Dinkelsirup
etwa 400 g Weizenmehl Type 405 oder feines Dinkelmehl
1 Päckchen Backpulver, 1 Prise Salz
Belag
125 g Butter
200 g fein gehackte Mandeln
200 g Traubenzucker
1 EL Dinkelsirup
1 Ei

Sahne mit Eiern, Traubenzucker und Sirup mixen, Mehl, Backpulver und Salz hinzufügen und zu einem Teig verrühren. Diesen auf einem geölten oder gebutterten Backblech verteilen, mit der Gabel ein paar Löcher einstechen und etwa 15 Minuten bei 160 °C Heißluft hellbraun vorbacken.
Währenddessen für den Belag die Butter schmelzen, Mandeln, Traubenzucker und den Dinkelsirup unterrühren. Wenn diese Mischung erkaltet ist, das Ei ebenfalls einrühren. Diese Masse wird am besten mit einem Teigschaber ohne Stiel auf den halbgebackenen Kuchen gestrichen, nachdem dieser ein paar Minuten aus dem Ofen genommen wurde. Der Kuchen wird mit Belag nochmals etwa 15 Minuten weitergebacken.
Wer ein bisschen Obst verträgt, kann es auf den Teig legen und schon beim ersten Backgang mitbacken.

Marmorkuchen

3 Eier
100 g Traubenzucker
3 EL Dinkelsirup
125 g Butter
250 g Weizenmehl Type 405 oder feines Dinkelmehl
½ Päckchen Backpulver
1 Prise Salz, 3 EL Kakaopulver

Die Eier zusammen mit dem Traubenzucker, 2 EL Dinkelsirup und der weichen Butter möglichst cremig rühren. Das Mehl, vermischt mit dem Backpul-

ver und dem Salz, unterrühren. Einen Teil des Teigs in eine Extraschüssel geben und noch Kakaopulver und 1 EL Sirup einrühren. Je mehr Kakao, desto mehr Süße muss zugefügt werden. Anschließend den hellen Teig dazugeben und beide gemeinsam in einer kleinen Kastenform verteilen. Sie vermischen sich auf diese Weise von alleine.
Die Menge des Kakaos hängt vom persönlichen Geschmack ab. Wird sehr viel Kakaopulver verwendet, ist es sinnvoll, in diesen Teil des Teigs noch eine extra Messerspitze Backpulver zu geben.
Den Kuchen etwa 40 bis 50 Minuten bei 160 °C Heißluft backen.

Kleiner Käsekuchen

Boden
1 Ei
150 g Traubenzucker
1 EL Dinkelsirup
70 g Butter
200 g Weizenmehl Type 405 oder feines Dinkelmehl
1 gestrichener TL Backpulver
1 Prise Salz
Belag
2 Eier
1 Päckchen Puddingpulver (Mandel oder Vanille)
oder entsprechende Menge Kartoffelstärke
250 ml Milch
500 g Magerquark
50 ml Speiseöl
150 g Traubenzucker
Bourbon-Vanille nach Geschmack

Alle Zutaten für den Boden in einer Schüssel zu einem festen Teig verarbeiten. Auf dem Boden einer kleinen runden Form verteilen, an den Rändern hochziehen, mit einer Gabel einstechen und die Quarkmasse einfüllen.
Dafür die beiden Eier trennen und das Puddingpulver oder Kartoffelstärke am besten mit einem Schneebesen in etwas kalter Milch auflösen. Alle Zutaten bis auf das Eiweiß mit dem Mixer oder einem Schneebesen verrühren. Das Eiweiß schaumig schlagen und zum Schluss unterrühren.
Den Kuchen bei 160 °C Heißluft etwa 60 Minuten backen. Danach den Backofen öffnen und den Kuchen noch weitere 15 Minuten darin stehen lassen.

Minikäsekuchen

Teig
½ Becher Schlagsahne
2 Eier
100 g Traubenzucker
2 EL Dinkelsirup
220 g feines Dinkelmehl oder Weizenmehl Type 405
1 TL Backpulver
1 Prise Salz
Belag
500 g Quark (40 %)
3 EL Kartoffelstärke
100 g Traubenzucker
5 EL Milch

Sahne, Eier, Traubenzucker und Sirup cremig schlagen und die restlichen Zutaten einrühren. Den Teig in einer runden Minikuchenform (evtl. selbst verkleinert, s.S. 137) verteilen, die Ränder etwas hochziehen und mit der zuvor verrührten Quarkmasse füllen.
Dafür einfach alle Belag-Zutaten zu einer Creme verarbeiten. Abschmecken und nach Geschmack nachsüßen.
Der Kuchen wird bei 160 °C Heißluft eine knappe Stunde gebacken.

Schoko-Tassenkuchen

5 Eier
4 Tassen Traubenzucker
2 Tassen Speiseöl
4 Tassen Weizenmehl Type 405 oder feines Dinkelmehl
1 Päckchen Backpulver
3 EL Kakaopulver
1 Prise Salz
1 knappe Tasse Milch oder Wasser

Die Eier cremig schlagen, den Traubenzucker einrühren und die restlichen Zutaten nach und nach zufügen, zuletzt die Milch.
Den Teig in eine gefettete Kastenform füllen und bei 160 °C Heißluft etwa 40 bis 50 Minuten backen.

Varianten:

- Statt des Kakaos Zitronen- oder Limettensaft zufügen. Nach Geschmack auch etwas abgeriebene, ungespritzte Schale.
- Nur einem Teil des Teigs das Kakaopulver zufügen und mit 1 EL Dinkelsirup süßen.
- Aus dem Teig in passenden Formen Muffins backen.

Zitronen-Tassenkuchen

4 Eier, 1½ Tassen Traubenzucker
125 g Butter
1 Tasse Weizenmehl Type 405 oder feines Dinkelmehl
1 Tasse gemahlene Mandeln
1 TL Backpulver, 1 Prise Salz
Creme
80 g Butter
1½ Tassen Traubenzucker
¼ Tasse Zitronensaft
2 Eier

Die Eier zusammen mit dem Traubenzucker cremig schlagen und die zimmerwarme Butter einrühren. Das Mehl, die Mandeln, Backpulver und Salz einrühren und den Teig in eine kleine Springform füllen. Bei 160 °C Heißluft etwa 30 bis 35 Minuten backen und auskühlen lassen.
Für die Zitronencreme die Butter im Wasserbad schmelzen, den Traubenzucker einrühren, den Zitronensaft und die beiden Eier mit einem Schneebesen unterrühren. Die Creme wird dann etwa 10 Minuten im warmen Wasserbad verrührt.
Den Kuchen in zwei Schichten schneiden,dazwischen die Zitronencreme füllen und gegebenenfalls etwas Creme auf den Kuchen streichen.

Varianten:

- Wenn die Zitrone nicht vertragen wird, den Kuchen ohne Creme zubereiten.
- Statt der Creme Schokoladenguss (Seite 154) verwenden.
- Statt der Creme einen Pudding mit knapp 500 ml Milch kochen (siehe folgendes Rezept) und als Creme verwenden. Wenn der Pudding nur noch lauwarm ist, geht das am besten.
- Aus dem Teig in passenden Formen Muffins backen.

Pudding-Kuchen

Boden
1 Becher Schlagsahne
3 Eier
250 g Traubenzucker
3 EL Dinkelsirup
knapp 500 g Weizenmehl Type 405 oder feines Dinkelmehl
1 Päckchen Backpulver
1 Prise Salz
Belag
1 Beutel Puddingpulver
3 EL Traubenzucker
ca. 480 ml Milch
ca. 30 g geriebene Schokolade

Sahne, Eier, Traubenzucker und Dinkelsirup mit dem Mixer verrühren, Mehl, mit Backpulver und Salz vermischt, einrühren, den Teig auf einem Backblech verteilen und mit einer Gabel „Löcher" einstechen, damit sich keine Blasen bilden. Im Backofen etwa 20 bis 30 Minuten bei 160 °C hellbraun backen und aus dem Backofen holen.
Das Puddingpulver und den Traubenzucker in etwas Milch auflösen, die Milch erwärmen, das aufgelöste Pulver zufügen und mit einem Schneebesen umrühren. Den Pudding abschmecken und noch warm über den fertigen Boden gießen. Bevor sich eine Haut bildet, mit der geriebenen Traubenzuckerschokolade bestreuen.
Wer mag, kann den Puddingbelag verdoppeln. Leider lässt sich dieser saftige Kuchen, vor allem beliebt bei Kindern, nicht einfrieren.

Mohntorte

½ Becher Schlagsahne
2 Eier
150 g Traubenzucker
70 g Butter
200 g Weizenmehl Type 405 oder feines Dinkelmehl
1 TL Backpulver
1 Prise Salz

Belag
½ Becher Schlagsahne
1 Ei
150 g Traubenzucker
2 EL Dinkelsirup
3 gestrichene EL Kartoffelstärke
150 g gemahlener Blaumohn
Mandelscheiben

Die Schlagsahne mit den Eiern und dem Traubenzucker cremig schlagen und die zimmerwarme Butter, das Mehl, Backpulver und Salz einrühren. Den Teig in eine gefettete runde Backform füllen und die Ränder hochziehen.
Für den Belag die Sahne steif schlagen, das verquirlte Ei dazugeben und nach und nach, abgesehen von den Mandeln, die restlichen Zutaten einrühren. Die Creme auf dem Teigboden verteilen. Mit einem feuchten Löffel oder Teigschaber die Oberfläche glatt streichen und die Torte bei 160 °C Heißluft etwa 40 bis 50 Minuten backen. Nach etwa 20 Minuten Backzeit werden die Mandeln auf die Torte gestreut. Sie werden hellbraun, zieren die Torte und schmecken wunderbar. Bei der vollen Backzeit würden sie schwarz werden.

Gojibeeren-Kuchen

½ Becher Schlagsahne
2 Eier
1 EL Dinkelsirup
150 g Traubenzucker
250 g Weizenmehl Type 405 oder feines Dinkelmehl
½ Päckchen Backpulver
1 kleine Prise Salz
½ Tasse Gojibeeren

Sahne, Eier, Dinkelsirup und Traubenzucker cremig schlagen, Mehl, Backpulver und Salz zufügen und erst in den fertigen Teig mit einem Löffel die Beeren einrühren.
Den Teig in eine verkleinerte Kastenform füllen, die Beeren, die herausschauen, mit etwas Teig abdecken, damit sie nicht verbrennen, und den Kuchen bei 160 °C Heißluft etwa 40 bis 50 Minuten backen.

Streuselkuchen

30 g Frischhefe
ca. 200 ml Milch
100 g Traubenzucker
3 Eier
500 g Weizenmehl Type 405 oder feines Dinkelmehl
1 Prise Salz
60 g Butter
Streusel
150 g Weizenmehl Type 405 oder feines Dinkelmehl
100 g Traubenzucker
100 Butter
Salz
Vanille

Die Hefe in der Milch auflösen und mit dem Traubenzucker und den Eiern verrühren. In eine große Rührschüssel das Mehl schütten, eine Prise Salz und die Hefe-Eier-Milch dazugeben. Den Teig mit den Knethaken der Küchenmaschine oder des Handmixers kneten und dabei die zuvor vorsichtig geschmolzene Butter löffelweise einarbeiten. Der Teig muss schön geschmeidig sein und sich leicht vom Rand lösen. Er sollte etwas „Blasen“ bilden. Den Teig abdecken und etwa eine Stunde aufgehen lassen. Ist es ein warmer Ort, geht es schneller.
Währenddessen die Streusel herstellen: Alle Zutaten werden gemeinsam zu Streuseln geknetet. Ich mache es zuerst mit den Quirlen des Handmixers, knete mit den Händen dicke Klumpen, die ich dann mit den Knethaken des Handmixers zerkleinere. Anschließend stelle ich die Streusel in den Kühlschrank, denn sie lassen sich besser auf dem Teig verteilen, wenn sie gekühlt sind.
Den Teig, der sich inzwischen ungefähr verdoppelt haben sollte, mit den Knethaken oder den Händen durchkneten und auf dem Backblech verteilen. Das geht mit geölten oder bemehlten Händen am besten.
Auf dem Teig die Streusel verteilen und bei 180 °C etwa 20 bis 30 Minuten backen.

Varianten:
- Die Streusel mit Zimt statt Vanille würzen.
- Direkt nach dem Backen etwas gehackte Traubenzucker-Schokolade darüber streuen.

- Nach dem Backen mit einem feinen Sieb etwas Traubenzucker darüber streuen.
- Nach dem Backen mit einem feinen Sieb Traubenzucker, nach Geschmack gemischt mit Zimt oder Kakao, darüberstreuen.

Joghurt-Streuselkuchen

150 ml Milch
½ Würfel Frischhefe
2 Eier, 50 ml Rapsöl
1 Becher Joghurt (125g)
200 g Traubenzucker
700 g Weizenmehl Type 405 oder feines Dinkelmehl
1 Prise Salz
evtl. etwas Milch
Streusel
100 g Butter
150 g Traubenzucker
1 kleines Ei
150 g Weizenmehl Type 405
Vanille, Salz

Die Hefe in der zimmerwarmen Milch auflösen, Eier, Öl und Joghurt dazugeben und den Traubenzucker einrühren. Das Mehl in eine große Schüssel füllen und die Flüssigkeit darübergießen. Einen Teig daraus kneten und nach Bedarf etwas Milch zufügen. Den Teig zugedeckt aufgehen lassen.
Alle Streuselzutaten gleichzeitig in eine Schüssel füllen, verkneten und kühl stellen.
Den Teig erneut durchkneten und auf einem gefetteten Backblech auslegen. Die Streusel darüber verteilen und bei 170 °C Heißluft etwa 25 Minuten backen.
Die Streusel verlaufen etwas, werden aber genau richtig.

Varianten:
- In den Teig, kurz vor dem Aufgehen, ein paar Gojibeeren kneten.
- Vor dem Backen in den Teig etwas gehackte Traubenzuckerschokolade kneten.
- Die Streusel mit gehackten Mandeln vermischen.
- Nach dem Backen, den heißen Kuchen mit gehackter Traubenzuckerschokolade bestreuen.

Hefezopf

500 g Weizenmehl Type 405
30 g Frischhefe
etwa 250 ml Milch
60 g Butter
80 g Traubenzucker
2 Eier
1 Prise Salz

Der Hefeteig wird wie im Rezept „Streuselkuchen“, Seite 144, zubereitet. Den aufgegangenen Teig durchkneten und in drei Portionen teilen. Daraus drei Stränge formen und zu einem Zopf flechten. Dafür muss man etwas Übung haben.
Der Zopf wird bei 180 °C Heißluft etwa 40 bis 60 Minuten gebacken. Die Zeit richtet sich nach der Dicke des Zopfes.

Varianten:
- Vor dem Backen den Zopf oder noch vor dem Flechten die drei Stränge mit Mandelscheiben bestreuen.
- Den Zopf vor dem Backen mit einem Eigelb bestreichen.

Schmandkuchen

30 g Frischhefe
1 Becher Schlagsahne
50 g Butter
100 g Traubenzucker
3 Eier
500 g Weizenmehl Type 405 oder feines Dinkelmehl
1 Prise Salz
Belag
1 Becher Schmand
150 g Puderzucker

Die Hefe zerbröseln und in die Sahne einrühren. Die Butter schmelzen, ohne dass sie heiß wird, und unter Rühren zufügen. Den Traubenzucker, die Eier, das Mehl und das Salz zufügen und mit den Knethaken des Mixers zu einem Teig verarbeiten. Der Teig sollte Blasen bilden und sich vom Rand lösen. Den fertigen Teig abdecken und so lange ruhen lassen, bis er sich verdoppelt hat. Der Teig wird auf einem gefetteten Backblech verteilt und bei 180 °C Heißluft etwa 15 Minuten gebacken. Inzwischen den Schmand mit dem Traubenzucker süßen. Den Kuchen aus dem Ofen nehmen und den Schmand auf den heißen Kuchen streichen. Weitere 5 bis 10 Minuten backen.

Varianten:
- In der Winterzeit kann man den Teig oder den Belag noch mit etwas Zimt würzen.
- Zum Belag 1 Handvoll gehackte Mandeln geben.

Brownies

125 g Butter
250 g Traubenzucker
2 EL Dinkelsirup
2 Eier
Bourbon-Vanille
80 g Kakaopulver
100 g Weizenmehl 405
1/4 TL Salz, 1/4 TL Backpulver
Belag
50 g Butter
50 g Kakaopulver
2 EL Dinkelsirup
Bourbon-Vanille
200 g Traubenzucker

Die Butter schmelzen und die weiteren Zutaten für den Teig nach und nach einrühren. Den dunklen Teig in eine Backform, etwa 23 x 23 cm groß, füllen. Diese kann auch aus Alufolie selbst geformt und auf ein Backblech gelegt werden. Ewa 30 Minuten bei 160 °C Heißluft backen.
Für den Belag die zimmerwarme Butter mit den restlichen Zutaten vermengen, auf den etwas abgekühlten Kuchen streichen und diesen in Quadrate schneiden. Man erhält somit 16 Brownies. Sie schmecken feucht, leicht klebrig und sind etwas für echte Schokoladenfans.
Den Teig und Belag am besten vor der Verarbeitung mit Dinkelsirup abschmecken.

Varianten siehe Folgeseite

Varianten:

- Gehackte Walnüsse zufügen.
- 1 Riegel gehackte Traubenzuckerschokolade dazu, dann sind die Brownies noch „schokoladiger".
- Mit Mandelscheiben dekorieren.
- Mit abgeschabter Traubenzuckerschokolade dekorieren.
- Brownies zu Vanilleeis servieren.
- Die Brownies schmecken auch ohne den Belag.
- Alternativ kann natürlich auch eine runde Springform verwendet werden, aus der beliebige Stücke geschnitten werden.

Waffeln

3 Eier
200 g Traubenzucker
125 g Butter
250 ml Milch
250 g Weizen- oder Dinkelmehl
½ Päckchen Backpulver
1 TL Zimt
1 Prise Salz

Die Eier mit dem Traubenzucker cremig schlagen, die zimmerwarme Butter und die Milch dazugeben. Das Mehl mit den restlichen Zutaten einrühren und aus diesem cremigen Teig Waffeln backen.

Plätzchen und Kleingebäck

Plätzchen sind schnell gebacken, haltbar, praktisch und schmecken das ganze Jahr über. Für mich sind sie praktisch, weil sie in einer Dose aufbewahrt schnell zur Hand sind, auch wenn ich irgendwo zu Gast bin und dort ein Kuchen serviert wird, den ich nicht vertrage. Dann habe ich als stille Reserve immer eine kleine Dose mit Plätzchen in der Handtasche.
Erhöht man den Anteil an Dinkelsirup und reduziert den Traubenzucker entsprechend, würzt mit etwas mehr Zimt und verziert sie womöglich noch mit einem Schokoladenguss, schmecken sie besonders gut in der Advent- und Weihnachtszeit.

Heidesand

250 g Butter oder Margarine, zimmerwarm
300 g Traubenzucker
400 g Weizen- oder Dinkelmehl
½ Päckchen Backpulver
1 Ei, 30 g Dinkelsirup

Alle Zutaten zu einem Teig kneten, 4 bis 6 Rollen formen und kalt stellen. Nach 1 bis 2 Stunden davon dünne Scheiben abschneiden und auf Backblechen verteilen.
Etwa 10 bis 12 Minuten bei 160 °C backen.

Varianten:
- 2 bis 3 EL Kakaopulver und 2 EL Dinkelsirup zufügen.
- Einen Teil des Teigs in eine Extraschüssel geben, 2 EL Kakaopulver und 1 EL Dinkelsirup unterrühren und vor dem Formen grob mit dem weißen Teig mischen.

Heidesand aus Reismehl

125 g Butter oder Margarine, zimmerwarm
150 g Traubenzucker, 1 Prise Salz
1 Msp. Bourbon-Vanille
150 g Reismehl, 50 g Kartoffelstärke
1 gestrichener TL Guarkernmehl oder Johannisbrotkernmehl
1 kleines Ei

Alle Zutaten zu einem festen Teig verarbeiten und zu 2–3 cm dicken Rollen formen. Nach 1 bis 2 Stunden davon dünne Scheiben abschneiden und auf Backblechen verteilen.
Etwa 10 bis 12 Minuten bei 160 °C backen.

Varianten:
- 2 bis 3 EL Kakaopulver und 2 EL Dinkelsirup zufügen.
- 2 EL Zimt zufügen.
- Einen Teil des Teigs in eine Extraschüssel geben, 2 EL Kakaopulver und 1 EL Dinkelsirup unterrühren und vor dem Formen grob mit dem weißen Teig mischen.

Nusstaler

30 g Kartoffelstärke
30 g Mandeln, gemahlen
1 Prise Salz
30 g Dinkelsirup
Schokoladenguss, Rezept Seite 154

Die Kartoffelstärke mit den gemahlenen Mandeln und der Prise Salz vermischen und den Sirup einkneten. Aus dem Teig kleine Rollen formen, diese mit einem scharfen Messer in dünne Scheiben schneiden und auf einem Backblech verteilen. Da der Teig beim Backen zerläuft, wird automatisch eine Plätzchenform entstehen. Wer möchte, kann auch den Teig dünn ausrollen und Plätzchen ausstechen.
Gebacken werden sie in nur 7 bis 8 Minuten bei 160 °C Heißluft.
Nach Geschmack mit einem im warmen Wasserbad geschmolzenen Schokoladenguss verzieren.

Varianten:
- Haselnüsse statt Mandeln verwenden.
- Weihnachtlich mit Lebkuchengewürz oder Zimt würzen.
- Mit Bourbonvanille aromatisieren.

Biskuits

4 Eier
180 g Traubenzucker, 1 Prise Salz
200 g Weizenmehl Type 405

Die Eier in einer Schüssel zusammen mit dem Traubenzucker und der Salzprise gut mixen, bis eine schaumige Masse entsteht. Den Mixer auf geringste Stufe stellen und das Mehl einrühren. Diesen relativ flüssigen Teig mit 2 Löffeln oder einfacher mit einem Spritzbeutel, einer Gebäckspritze oder einer Garnierspritze in kleinen Haufen auf Backbleche mit Backpapier setzen und 10 bis 12 Minuten bei 160 °C, Heißluft backen.

Variante:
- Weihnachtlich mit einer Messerspitze Lebkuchengewürz, einem halben Teelöffel Kakao und mit einem weiteren Esslöffel Dinkelsirup würzen.

Fakkas – marokkanisches Teegebäck

4 Eier
200 g Traubenzucker
1 Prise Salz
1 Päckchen Backpulver
500 g Weizenmehl Type 405 oder feines Dinkelmehl
125 g weiche Butter
1 Spritzer Orangenblütenwasser (Gewürzhandel, Apotheke)
100 g Mandeln mit Schale

Die Eier mit dem Traubenzucker cremig schlagen und die restlichen Zutaten, außer den Mandeln, unterrühren. Dafür ist ein Knethaken erforderlich. Die Mandeln mit einem scharfen Messer grob hacken und unterkneten.
Aus dieser Teigmenge drei Rollen formen, dafür die Hände mit Wasser befeuchten. Diese drei Rollen auf einem Backblech bei 160 °C Heißluft 15 Minuten backen. Den Ofen ausschalten, das Backblech herausnehmen und den Ofen wieder schließen, damit die Wärme erhalten bleibt.
Die drei brotähnlichen, halbfertigen Laibe knapp 10 Minuten abkühlen lassen. Dafür am besten behutsam mit zwei Pfannenhebern auf ein Gitter legen. Sie werden anschließend mit einem scharfen Messer vorsichtig in etwa 1,5 bis 2 cm dicke Scheiben geschnitten und dicht an dicht auf zwei Backbleche gelegt. Dabei darf der Kern der halb fertigen Fakkas noch teigig sein.
Je nach Backofen können die Fakkos auf beiden Blechen gleichzeitig weitere 15 Minuten bei 160 °C Heißluft gebacken werden.
Die Fakkas sind dann hellbraun und ein Trockengebäck, welches, in der Dose aufbewahrt, lange haltbar ist.
Das Orangenblütenwasser gehört in Marokko selbstverständlich dazu, muss aber keineswegs sein, sie schmecken auch ohne diese Zutat wunderbar.

Varianten:

- Im Original werden die Teigwürste mit Eigelb bestrichen.
- Dem Eigelb zum Bestreichen wird manchmal auch Instantkaffee zugefügt.
- Es gibt auch Rezepte ohne Mandeln.
- Im Original können auch 50 g Rosinen enthalten sein, die durch Gojibeeren ersetzt werden können.

Marokkanisches Teegebäck – Fakkas mit Sesam

5–6 Eier
300 g Traubenzucker
3 EL Dinkelsirup
300 g Speiseöl
120 g Mandeln mit Schale
Vanille einer Vanilleschote
900 g Weizenmehl 405
50 g Sesam
evtl. 2 Eigelb zum Bestreichen

Die Zubereitung ist genau wie im Rezept darüber, allerdings kann man sechs Rollen daraus formen. Vor dem ersten Backen können die Teigwürste mit Eigelb bestrichen werden.

Wespennester

3 Eiweiß
100 g Traubenzucker
3 EL Dinkelsirup
200 g gemahlene Mandeln oder Haselnüsse
1 TL Zimt
1 Prise Nelkenpulver
½ Tafel Schokolade mit Traubenzucker, klein gehackt
Oblaten
Baiserfüllung
1 Eiweiß
20 g Traubenzucker

Das Eiweiß schaumig schlagen, Traubenzucker und Dinkelsirup unterrühren und die Mandeln, mit den Gewürzen und der gehackten Schokolade vermischt, einrühren.
Das Eiweiß für die Nester zu Schnee schlagen und süßen.
Kugeln aus dem Nussteig formen, auf die Oblaten setzen, etwas andrücken, eine Kuhle eindrücken und diese mit dem gesüßten Eischnee befüllen.
Bei 130 bis 150 °C etwa 20 bis 25 Minuten mehr trocknen als backen.

Varianten:
- Mit Lebkuchengewürz statt Zimt und Nelken würzen.
- Statt mit Baiserschaum mit je einer ganzen Mandel oder Haselnuss füllen.

Schokoladenguss für Plätzchen und Kuchen

80 g Kokosfett
150 g Traubenzucker
80 g Kakaopulver
1 Msp. Bourbon-Vanille
2 El Schlagsahne

Das Kokosfett in einem kleinen Kochtopf schmelzen, den Traubenzucker darin auflösen und kurz aufkochen. Den Topf vom Herd nehmen, die restlichen Zutaten zufügen und mit einem Schneebesen einige Minuten verrühren. Die Masse auf den noch warmen Kuchen oder die Plätzchen streichen.

Bonbons

Nicht alle Bonbons lassen sich gut aufbewahren. Trotzdem lohnt sich die Herstellung. Als Grundlage dienen Traubenzucker und / oder Dinkelsirup. Beide werden zu einer festen Karamellmasse, wenn man sie kocht. Dabei muss man sehr aufpassen, dass die Masse nicht zu braun und damit bitter wird.
Mit etwas Übung klappt das ohne Rezept und in so kleiner Menge, wie man sie gerade verzehren möchte. Einfach den Traubenzucker und gegebenenfalls den Dinkelsirup in einen kleinen Kochtopf streuen, erhitzen, kurz aufkochen und Kakaopulver oder Nussmus einrühren. Ewas Sahne dazu macht die Schokoladenbonbons weich und lecker. Nur das Aufbewahren ist dann schwierig. Experimentieren Sie mit kleinen Mengen. Meistens schmecken die Bonbons auch, wenn sie nicht die absolut richtige Konsistenz oder das optimale Aussehen haben.
An dieser Stelle erneut die Warnung vor der Hitze. Traubenzucker schmilzt bei 146 °C – Verbrennungen sind dabei sehr unangenehm, zumal die Masse kleben bleibt.

Schokoladenbonbons

10 g Butter oder Kokosfett
30 g Traubenzucker
30 g Dinkelsirup
20 g Kakaopulver

Das Fett in einer Pfanne zerlassen und den Traubenzucker zusammen mit dem Dinkelsirup darin etwa 2 bis 3 Minuten kochen. Dabei ständig umrühren. Anschließend das Kakaopulver unterrühren, den Topf vom Herd nehmen und die Masse auf ein Backpapier streichen. Dabei einen Teigschaber zu Hilfe nehmen. Die Masse etwas erkalten lassen, mit den Händen kurz durchkneten, kleine Mengen abtrennen und diese zu Kugeln formen.

Nussbonbons

3 EL Traubenzucker
3 EL Dinkelsirup, 1 EL Nussmus

Den Traubenzucker zusammen mit dem Dinkelsirup schmelzen und 2 bis 3 Minuten kochen. Die Masse vom Herd nehmen und das Nussmus unterrühren. Auf Backpapier streichen, abkühlen lassen und kleine Kugeln formen.

Varianten:
- Mit etwas Kakaopulver oder mit einer Prise Zimt würzen.

Mandelbonbons

4 EL Traubenzucker, 2 EL Wasser
2 gehäufte EL gemahlene Mandeln oder Haselnüsse

Den Traubenzucker im Wasser schmelzen und etwa 3 Minuten kochen, bis es hellbraun ist. Vom Herd nehmen, die Nüsse einrühren und die Masse mithilfe eines Teigschabers auf Backpapier streichen. Sobald sie kühler geworden ist, kleine Kugeln formen und erkalten lassen.

Variante:
- Mit Zimt, Bourbon-Vanille verfeinern.

Süßes Naschwerk

Manchmal muss es ganz schnell gehen. Dafür sind die nachfolgenden Rezepte sehr gut geeignet. Gerade die Nusskugeln sind köstlich, schmecken das ganze Jahr über, sind aber nur ein paar Tage haltbar. Die Menge in den Rezepten kann beliebig reduziert werden, und für Liebhaber dieser Naschereien gilt: Lassen Sie sich anregen, die Rezepte kreativ zu variieren und neue auszuprobieren.

Goji-Schokokugeln

Schokolade mit Traubenzucker
gehackte Nüsse oder Mandeln
Gojibeeren

Die Schokolade vorsichtig in einem Wasserbad schmelzen und so viele gehackte Nüsse oder Mandeln unterrühren, dass alle von der Schokolade bedeckt sind. Anschließend Gojibeeren unterrühren – in der Menge, wie sie vertragen werden. Das Verhältnis der Zutaten zueinander ist Geschmackssache. Wenn alle verrührt sind, die Masse auf Backpapier verteilen, erkalten lassen und in Stücke brechen. Trocken aufbewahren.

Variante:
- Schokokugeln ohne Gojibeeren

Schokotrüffeln

25 g Butter oder Margarine
50 g Schokolade mit Traubenzucker
30 g Traubenzucker
1 Msp. Bourbon-Vanille

Die Butter mit der Schokolade in einem Wasserbad schmelzen und den Traubenzucker, zusammen mit der Vanille einrühren. Den Topf vom Herd nehmen, die Masse glatt rühren und auf ein Backpapier gießen. Nach dem Erkalten zu Kugeln formen.

Schoko-Zimt-Mandeln

80 g Mandelblättchen
30 g der Schokolade aus dem Rezept Schokoladenguss (Seite 153)
½ TL Zimt

Die Mandeln nach Geschmack ohne Fett in einer Pfanne leicht hellbraun rösten. Die noch warme oder wieder erwärmte Schokolade mit den Mandeln und dem Zimt verrühren. Die Masse mit einem Löffel auf Backpapier verteilen, einige Stunden erkalten lassen und in Stücke brechen.

Zimt-Trüffeln

50 g Traubenzuckerschokolade, zartbitter
20 g Kokosfett
20 g Dinkelsirup
1 gestrichener TL Kakaopulver
1 gestrichener TL Zimt
Zimt zum Wälzen

Die Schokolade und das Kokosfett im Wasserbad schmelzen und die restlichen Zutaten einrühren. Auf ein Backpapier gießen und erkalten lassen. Mit den Händen Kugeln formen, in Zimt wälzen und kühl stellen.

Thymian-Trüffeln

Thymiankraut, getrocknet
30 g Butter
30 g Traubenzucker
50 g Traubenzuckerschokolade, zartbitter

Thymiankraut mit einem Mörser zerkleinern, bis ein feines Pulver entstanden ist. Davon einen Teelöffel voll für dieses Rezept und den Rest anderweitig verwenden.
In einem Wasserbad die Butter schmelzen, den Traubenzucker und dann die Schokolade einrühren. Wenn alles eine homogene Masse ist, den Thymian einrühren und auf ein Backpapier gießen. Nach dem Erkalten Kugeln formen.

Varianten:
- Die Kugeln in gemahlenen Nüssen wälzen.
- Die Kugeln in geraspelter Traubenzuckerschokolade wälzen.

Mandelkugeln

20 g Mandelmus
50 g Traubenzucker
1 EL Wasser
30 g gemahlene Mandeln

Das Mandelmus, den Traubenzucker und das Wasser zu einer Masse verarbeiten und erst dann die gemahlenen Mandeln einkneten. Kleine Kugeln formen und diese gegebenenfalls in weiteren, gemahlenen Mandeln wälzen.

Zimt-Mandelkugeln

50 g Traubenzucker
20 g Wasser
1 gestrichener TL Zimt
50 g gemahlene Mandeln

Den Traubenzucker im Wasser auflösen, den Zimt unterrühren und die Mandeln einkneten. Zu Kugeln geformt und in weiteren Mandeln gewälzt, ist das eine Leckerei nicht nur für die Weihnachtszeit.

Zimt-Mandel-Sirup-Kugeln

60 g gemahlene Mandeln oder Haselnüsse
1½ TL Zimt
30 g Dinkelsirup

Die Mandeln und 1 Teelöffel Zimt in eine kleine Schüssel füllen und den Sirup dazugeben. Zuerst mit einem Esslöffel und später mit den Händen verkneten, kleine Kugeln formen und diese in etwas Zimt hin- und herrollen, damit sie damit ummantelt werden.

Vanille-Mandelkugeln

60 g gemahlene Mandeln oder Haselnüsse
1 Msp. Bourbon-Vanille
30 g Dinkelsirup

Die Mandeln zusammen mit der Vanille in eine kleine Schüssel füllen und den Sirup dazugeben. Zuerst mit einem Esslöffel und später mit den Händen verkneten, kleine Kugeln formen und diese in etwas gemahlenen Mandeln hin- und herrollen, damit sie damit ummantelt werden.

Zimt-Schoko-Kugeln

50 g Mandeln, gemahlen
50 g Dinkelsirup
10 g Traubenzucker
15 g Zimt
2–3 Riegel Traubenzucker-Schokolade

Alle Zutaten, bis auf die Schokolade, zu einer festen Masse kneten und daraus Kugeln formen. Mit einem scharfen Messer von der Schokolade Streusel abschaben und die Kugeln darin wälzen.

Gojikugeln

1 Teil Gojibeeren
1 Teil Dinkelsirup
4 Teile Mandeln oder Haselnüsse, gemahlen

Die Zutatenmenge muss nicht abgewogen werden. Grobes Schätzen reicht völlig aus.
Die Gojibeeren mit einer Knoblauchpresse zerdrücken und mit den restlichen Zutaten verkneten. Aus der festen Masse werden Kugeln geformt und in gemahlenen Mandeln oder Nüssen gewälzt.
Selbst wenn sich die Beeren nicht restlos durchpressen lassen, was nur schwer möglich ist, lohnt sich der Aufwand. Der Rückstand in der Presse, kann mitverwendet werden. Einfacher geht es in einer Raspelmaschine oder mit einem Fleischwolf. Wer nichts davon hat, kann die Gojibeeren mit einem

scharfen Messer ganz klein schneiden. Schon 1 TL Beeren ergeben mehrere kleine Kugeln.

Varianten:
- Mit Zimt würzen.
- Mit Kakaopulver würzen, den Dinkelsirupanteil etwas erhöhen.
- Mit einer winzigen Menge Lebkuchengewürz aromatisieren.

Kandierte Sonnenblumenkerne

2 EL Traubenzucker
1 EL Sonnenblumenkerne

Den Traubenzucker in einem kleinen Kochtopf schmelzen, hellbraun kochen und die Kerne zufügen. Mithilfe eines Teigschabers aus dem Topf auf ein Backpapier befördern und nach dem Erkalten wegnaschen.

Varianten:
- Sesam oder Sesam und Sonnenblumenkerne ebenso kandieren.
- Stattdessen grob gehackte Nüsse verwenden.

Teezubereitung

Da man bei Fructoseintoleranz keine oder nur sehr wenig Fruchtsäfte trinken darf, ist Tee von besonderer Bedeutung. Für die richtige Zubereitung folgen hier ein paar Grundregeln:

Kräutertees immer mit kochendem Wasser aufgießen, um sicher zu gehen, dass keine beim Trocknen entstandenen Keime im Tee sind. Kräutertees müssen etwa 10 Minuten ziehen, sofern nicht anders angegeben. Dafür legt man am besten einen Teller oder Deckel auf die Tasse oder den Krug, damit der Tee nicht zu sehr abkühlt. Soll der Tee mild sein, die Kräutermenge reduzieren. Tee von nur einer Heilpflanze allein, sollte man ohne medizinischen Grund nicht unbegrenzt trinken. Kaufen Sie also mehrere Mischungen oder Einzelkräuter, die Sie selbst vor dem Zubereiten mischen. Hier ein paar Beispiele für stark wirksame Heiltees, die Sie in Mischungen immer mal wieder trinken dürfen, sofern keine Wechselwirkungen mit den von Ihnen eingenommenen Medikamenten berücksichtig werden müssen:

- **Johanniskrauttee** über einen längeren Zeitraum getrunken, wirkt antidepressiv. Die Nebenwirkung ist, dass die Haut und die Augen lichtempfindlicher werden, was bedeutet, dass man schneller einen Sonnenbrand kommen kann. Es gibt viele Wechselwirkungen mit Medikamenten, wozu auch gehört, dass die Wirkung der „Antibabypille“ aufgehoben wird. Der Geschmack des Tees ist allerdings so, dass man ihn nicht freiwillig nur zum Genuss trinkt.
- **Baldriantee** wirkt beruhigend, verträgt sich aber mit vielen Medikamenten nicht. Da Baldriantee aus der Wurzel gewonnen wird, ist die 10-minütige Aufgusszeit besonders wichtig. Geschmack und Geruch laden nicht zum Genießen ein.
- **Pfefferminztee** schmeckt am besten, wenn er etwa 5 Minuten zieht. Da er die Produktion von Gallenflüssigkeit erhöht und damit gegen Völlegefühl nach einem fetten Essen hilft, zählt er zu den Heilkräutertees, die nicht immer und ohne Grund getrunken werden sollten. Das heißt, wer unter Verdauungsproblemen leidet, sollte ihn nach dem Essen trinken, denn er ersetzt wunderbar den Verdauungsschnaps. Pfefferminztee hilft auch gegen akute Übelkeit. Das gilt ebenso auch für Nanaminztee und alle anderen Pfefferminzsorten. Frische Nanaminze wird in Marokko mit heißem, sehr starkem und sehr süßem Grüntee übergossen. Der Tee ist dann so kräftig, dass er ohne Zucker nicht genießbar ist. Die Minze, die hier traditionell in den Gärten wächst, hat einen braunen Stil und wird für den besseren Geschmack vorher getrocknet. Nanaminze hat einen grünen Stil und wird nicht getrocknet.
- **Thymiantee** sollte 10 Minuten ziehen und wirkt schleimlösend bei Erkältungen. Eine kleine Menge gelegentlich in einer Mischung tut den Atemwegen gut und schmeckt lecker.
- **Kamillentee** sollte nicht regelmäßig getrunken werden, denn Kamille ist ein Kreuzblütler und gehört zu den starken Allergieauslösern. Wer sie verträgt, sollte sie bei Magenschleimhautentzündungen trinken. Eine kleine Menge gelegentlich in einer Teemischung ist bei Verträglichkeit erlaubt.
- **Melissentee** hat eine leicht beruhigende und entzündungshemmende Wirkung. Eine Tasse Tee am Abend, auch für Kinder, kann beim Einschlafen helfen. Bei Magenreizungen sollte er regelmäßig bis zur Besserung getrunken werden. Seine Wirkung ist sanft, Melisse darf auch fast regelmäßig getrunken werden.

Schwarzer Tee wird in vielen Regionen traditionell getrunken und entsprechend zubereitet. Die meisten Sorten schmecken am besten, wenn sie 3 bis 5 Minuten ziehen. Dass lange gezogener Schwarzer Tee beruhigt, ist eine Legen-

de. Ostfriesentee muss etwa 10 Minuten ziehen und wird in der Originalzubereitung auf ein Kluntje, ein großes Stück braunen oder weißen Kamdiszucker, gegossen und mit Sahne veredelt, die mit einem Speziallöffel vorsichtig in die Tasse gegossen wird. Getrunken wird ohne vorher umzurühren. Der Kluntje wird bei Fructoseintoleranz einfach durch Traubenzucker ersetzt, allerdings fehlt dann das Knistern, wenn der Zuckerklumpen durch das heiße Wasser zerspringt.
In vielen Regionen der Welt werden für die Zubereitung 2 Teekannen vorgewärmt. Zunächst wird der Tee in einer Kanne aufgegossen und nach 3 bis 5 Minuten durch ein Sieb in die andere Kanne umgefüllt. Einfacher geht es, wenn man die Teeblätter in ein Stoff- oder Papierteesieb füllt, dieses dann in eine Kanne hängt und mit fast kochendem Wasser (95°C) übergießt.
Einem Schwarztee kann Traubenzucker, Sahne, Milch oder, sofern verträglich, Zitrone zugefügt werden.

Grüner Tee wird in China direkt in die Tasse gefüllt und mehrfach mit heißem Wasser übergossen. Je besser die Qualität, desto öfter kann er aufgegossen werden. In China selbst ist der erste Aufguss für unseren Geschmack fast ungenießbar, woran man sich, wenn man dort ist, schnell gewöhnt. Der kräftige Teegeschmack überdeckt den schlechten Wassergeschmack. Oft wird dort der erste Aufguss nach ein paar Sekunden weggegossen und erst der zweite getrunken. Er ist dann etwas milder.
Hier bei uns genügen ein paar Teeblätter pro Tasse für einen milden Teegeschmack. Ich gieße die Teeblätter direkt in der Tasse auf, sie sinken nach kurzer Zeit nach unten. Alternativ kann er auch wie Schwarzer Tee zubereitet werden. Echte japanische Tees sind pulverartig und werden bei der Teezeremonie mit einem Holzbesen in der Tasse verrührt. Bei uns gibt es Japanische Tees in Blättern, die wie anderer Grüntee aufgegossen werden. Jeder Grüntee ist heller als Schwarztee und regt an. Also besser nicht abends trinken.
Wer ihn in eine Thermoskanne füllen möchte, sollte nur sehr wenige Teeblätter verwenden, denn der Tee wird sonst zu stark.

Weißer Tee kommt aus China und wird wie Grüntee zubereitet. Die meisten Sorten sind so gut, dass sie mehrfach aufgegossen werden können und milder im Geschmack sind. Sie sind teurer, aber sparsamer im Verbrauch. Weißer Tee regt an, ist also nicht für den abendlichen Genuss geeignet.

Lapachotee hat einen sehr kräftigen Geschmack, er gilt als gesund und darf über einen langen Zeitraum täglich getrunken werden. Die Teeblätter werden einige Minuten gekocht. Der Tee kann zu jeder Tageszeit getrunken werden.

Roibuschtee sollte mindestens 10 Minuten ziehen. Die kleinen Teeblätter werden mit kochendem Wasser aufgegossen. Die Menge richtet sich nach dem Geschmack, meistens genügen 2 Esslöffel für einen Liter Tee. Es gibt aromatisierten Roibuschtee in vielen unterschiedlichen Geschmacksrichtungen. Am gesündesten ist der Naturroibuschtee, den man nach Geschmack beispielsweise mit einem kleinen Bourbon-Vanillestück, einer kleinen Prise Zimt oder etwas Kakaoschalen aromatisieren kann. Er gilt als gesund, ohne ein spezielle Wirkung zu haben und ist für jedes Alter und jede Tageszeit sehr gut geeignet. Ein Tee, der über einen langen Zeitraum getrunken werden darf.

Kakaoschalentee ist eine gute Ergänzung zu Roibusch. Er wird einfach mit Roibusch gemischt und mit kochendem Wasser übergossen. Er hat einen milden Kakaogeschmack, den man mit einer halben Messerspitze Kakaopulver verstärken kann. Etwas Bourbon-Vanille dazu und sie haben einen leckeren Tee, den Sie auch abends trinken dürfen.

Außer Haus

Einladungen

Ein paar Naschereien, die man dabei hat, erleichtern jede Einladung zu Kaffee und Kuchen, denn den angebotenen Kuchen muss man wegen des Zuckers oder womöglich wegen des Obstes leider ablehnen. Hat man dann nichts dabei, leidet man nicht nur selbst, sondern auch der Gastgeber.
Idealerweise nimmt man vor dem Besuch Kontakt auf und erklärt die Diät. Entweder vereinbaren Sie, dass Sie zum Nachmittagskaffee etwas mitbringen oder es wird ein Kuchen gebacken, der zum Beispiel Dinkelsirup oder Traubenzucker statt Zucker enthält. Dafür sollten Sie am besten ein Rezept liefern. Ist es eine Einladung zum Essen, sollten Sie ebenfalls vorher Kontakt aufnehmen und über die Wahl des Gemüses sprechen.
Sie werden sehen, Ihre Gastgeber sind gerne hilfsbereit. Nach einer Weile werden alle Ihre Verwandten und Freunde wissen, dass Sie nicht alles essen dürfen, und werden selbst dafür sorgen, dass wenigstens ein Kuchen für Sie verträglich ist. Ich weiß das aus eigener familiärer Erfahrung. Bei manchem Fest gab es deutlich mehr glutenfreien Kuchen – ich darf unter anderem kein Gluten essen –, als es Familienmitglieder gibt, die kein Gluten essen dürfen. Aber wie Gluten ist auch Fructose etwas, worauf andere ebenfalls ohne Geschmacksverlust verzichten können. Viele werden nicht einmal merken, dass sie einen fructosearmen Kuchen verzehren.
Das vorherige Abklären verhindert auch, dass während des Essens über Ihre Diät gesprochen wird. Das und das Mitleid erträgt man nämlich nach einer Weile nicht mehr, vor allem, wenn es für Sie oder Ihr Kind „normal" geworden ist, also zum Alltag gehört.

Restaurantessen

Wenn Sie ein wenig Fructose vertragen, ist es einfach. Sie bestellen das, was Sie essen mögen und dürfen. Dabei kann es sein, dass etwas Zucker im Essen ist. Wenn Sie diese kleine Menge vertragen, ist es unkompliziert. Anderenfalls schreiben Sie einen Zettel für den Koch, auf dem Sie in etwa Folgendes notieren:

Ich habe eine Fructoseintoleranz und darf deshalb Folgendes nicht essen:

- Trockenfrüchte
- Zucker, Rohrzucker, Honig, Zuckerrübensirup, Agavendicksaft und Ahornsirup
- Jedes Obst und Gemüse, außer den unten genannten
- Haushaltszucker, braunen Zucker, Marmelade und Gelee
- Wurst und andere Lebensmittel mit Glukose
- Erdnüsse
- Sorbit

Ich darf essen:

- Traubenzucker, Dinkel- und Malzsirup
- Folgende Gemüse- und Obstsorten:
  - Jeden grünen Salat
  - Pilze, Spinat, Kartoffeln, Erbsen, grüne Bohnen, Sellerie, Mangold, Chicorée, Wirsing, Gurke, Rosenkohl, Blumenkohl, Brokkoli und Grünkohl
  - Avocado, Papaya, Honigmelone und Zuckermelone
- Graubrot
- Butter, Margarine, Speiseöl
- Milch und Milchprodukte
- Fleisch, Fisch und Geflügel
- Eier
- Reis
- Alle Gewürze und Kräuter
- Nüsse, außer Erdnüsse

Vielen Dank für Ihre Hilfe.

Oder machen Sie einfach eine Kopie vom obigen Text und geben Sie diese der Küche.

Urlaubsreisen

Wenn Sie in ein Hotel reisen, in dem es ein Büfett gibt, wird die Auswahl groß genug sein. In den meisten Ländern wird es keine Fertigprodukte mit verstecktem Sorbit oder Zucker geben. Problematisch sind eher das Gemüse und natürlich das oftmals in großer Auswahl zur Verfügung stehende Obst. Um nicht ganz auf Leckereien zwischendurch verzichten zu müssen, würde ich ein paar Naschereien, die Sie oder Ihr Kind essen dürfen, mitnehmen. Die Mitnahme ist in den meisten Ländern erlaubt.
Für die USA und Australien gilt, dass Sie nur original verpackte Lebensmittel ohne Alkohol mitnehmen dürfen. Das sind allerdings auch Länder, in denen Sie viele fructosearme Produkte bekommen.

Übersetzungen für den Urlaub

Wenn Sie außerhalb der Urlaubshotels essen, ist es sinnvoll, wenn Sie einen in der entsprechenden Landessprache übersetzten Zettel mitnehmen, auf dem steht, was Sie essen dürfen und was nicht. Bei diesem Zettel kommt es nicht darauf an, ob er grammatisch korrekt ist. Sie können also problemlos einen der im Internet verfügbaren Online-Übersetzer benutzen.

Auf der folgenden Seite steht eine englische Version des Zettels, als Beispiel, wie er aussehen könnte, dabei sollten Sie das für Sie unverträgliche Gemüse und Obst natürlich weglassen. Verwenden Sei diese Seite einfach als Kopiervorlage.

I suffer from a very specific disease and I am not allowed to eat fructose from the follow sources:

- All types of dried fruits
- All vegetables and fruits, with the exception of those listed below
- All types of white and brown sugar, honey, glucose syrup with fructose, maple syrup, agave syrup, jam and jelly
- Sorbital
- Peanuts

I am permitted to eat:

Dextrose, glucose, sugar beet syrup/treacle syrup and corn sugar without fructose

The following vegetables:

- All types of green salad
- Mushrooms, spinach, potatoes, peas, green beans, celery, chard, chicory, savoy cabbage, cucumber, Brussels sprouts, cauliflower, broccoli and kale
- Avocado, papaya, honeydew melon and muskmelon
- bread
- butter, margarine, oil
- milk and dairy products
- meat, fish, and poultry
- sausages that do not contain glucose syrup
- eggs
- rice
- all types of herbs and spices
- nuts – but strictly no peanuts allowed.

Thank you for your assistance

Das Wort „Fructose“ ist wegen seines lateinischen Ursprungs *fructus*, die Frucht, in den meisten Sprachen sehr ähnlich.

Anhang

Speiseöle

Salatöle

Diese kaltgepressten Speiseöle haben einen hohen Anteil an mehrfach ungesättigten Fettsäuren. Sie sind hitzeempfindlich, vertragen aber bis 100 °C und können daher zum Verfeinern von heißem Gemüse verwendet werden. Die Vitamine E, D, K und A benötigen Fett, damit sie vom Körper aufgenommen werden können. Warum also statt Butter oder Margarine für Gemüse nicht ein gutes, viel gesünderes Speiseöl verwenden?

- **Distelöl** ist sehr gesund und der Klassiker für einen Salat, vor allem bei einer cholesterinarmen Ernährung.
- **Hanföl** gibt es meistens im Naturkostladen oder Reformhaus. Es ist grün und hat einen sehr nussigen Geschmack.
- **Haselnussöl** eignet sich für Salate, aber auch zum Anbraten und für feines Gebäck. Es hat ein sehr angenehmes Aroma.
- **Kürbiskernöl** schmeckt köstlich zu beinahe allen Speisen. Dieses aromatische Öl verfeinert nicht nur Salate, wir essen es auch gerne zu Kartoffeln und Gemüse.
- **Leinöl** hat ein starkes Aroma und nur eine kurze Mindesthaltbarkeit, muss also bald verzehrt werden, denn es schmeckt danach bitter (gießen Sie Leinöl dann aber nicht weg, denn es ist ideal für die Holz- und Lederpflege).
- **Sesamöl** wird in der asiatischen Küche viel verwendet und hat ein wunderbares Aroma.
- **Sonnenblumenöl** ist wohl das bekannteste kaltgepresste Speiseöl und ein Standardöl für Salate. Es eignet sich nicht zum Erhitzen mit Ausnahme des unten genannten speziellen Sonnenblumenöls.
- **Walnussöl / Baumnussöl** ist sehr hochwertig und bietet ein ganz besonderes Geschmackserlebnis. Probieren Sie es einmal auf Pellkartoffeln oder auf gedünstetem Gemüse.

Bratöle

Diese Speiseöle haben einen hohen Anteil einfach ungesättigter Fettsäuren, können höher erhitzt werden und sind deshalb zum Braten geeignet. Entwickelt ein Öl beim Braten Rauch, dann ist es zu heiß, hat Gifte entwickelt und sollte besser nicht verwendet werden.

- **Erdnussöl** ist ein ideales Bratöl. Es ist hoch erhitzbar und fast geschmacksneutral.
- **Olivenöl** ist bekannt aus der Mittelmeerküche, hat ein sehr typisches Aroma – wird geliebt oder nicht gemocht – und ist zum Kurzbraten geeignet.
- **Rapsöl** hat den Vorteil, dass es aus heimischem Anbau stammt, leicht nussig schmeckt und zu allem passt. Es ist zum Kurzbraten geeignet.
- **Sonnenblumenöl.** Nur das Öl einer ganz bestimmten russischen Sorte ist zum Braten geeignet. Es ist dann als Bratöl gekennzeichnet.

Universalöle

Nicht jeder möchte viele Speiseölsorten bevorraten. Hier bieten sich zwei vielseitig verwendbare Speiseöle an:

- **Raps- und Olivenöl** sind zum Kurzbraten, Dünsten und für die kalte Küche, also besonders auch Salate, geeignet.

Der Kauf

Beim Kauf von Speiseölen sollten Sie auf die Qualität achten. Die niedrigpreisigen Speiseöle – meist in Plastikflaschen – werden heiß gewonnen. Der Ertrag ist dann höher und das Öl billiger. Leider entstehen bei dieser Ölgewinnung Gifte, die mit Chemikalien (!) entfernt werden.
Hochwertige Speiseöle werden kalt gepresst und entsprechend gekennzeichnet. Sie sind in Naturkostläden, Reformhäusern und gut sortierten Lebensmittelgeschäften erhältlich.

Mini-Fachwörterbuch

Allergenarm: enthält wenig Allergieauslesendes
Bauhin`sche Klappe: eine ventilartige Klappe zwischen Dünn- und Dickdarm
Befund, negativ: alles in Ordnung
Befund, positiv: etwas „Negatives“ also „Krankes“ wurde gefunden.
Candida: Pilze
Darmflora: Zusammensetzung der Mikroorganismen (Bakterienbesiedlung) im Darm – meistens ist damit der Dickdarm gemeint
Darmsanierung: Zuführung (Einnahme) gesunder Darmbakterien
Dickdarm: der letzte Teil des Verdauungstraktes im Anschluss an den Dünndarm
Dünndarm: der Darmabschnitt zwischen Zwölffingerdarm und Dickdarm
Dysbiose: fehlbesiedelte oder schlechte Darmflora, also falsche Zusammensetzung der Mikroorganismen
Fructose: Fruchtzucker
Glukose: Sirup
H_2: Wasserstoff
Hereditär: erblich, Weitergabe von Merkmalen oder Eigenschaften, auch von Krankheiten
HFI: heriditäre Fructoseintoleranz = angeborene Fructoseintoleranz
Histamin: körpereigenes Gewebshormon
Intestinalflora: Darmflora
Intestinalmykose: Pilze im Darm, meist Dickdarm
Laktobakterien: Mikroorganismen, meistens Milchsäurebakterien
Laktose: Milchzucker
Lävulose: Fruchtzucker
Malabsorption: schlechte Aufnahme von Nahrungsmitteln
Polypen: meist gestielte, gutartige Ausstülpungen der Schleimhaut
probiotisch : Mikroorganismen, meistens Laktobakterien, die für die Darmflora gut sind
Saccharose: Haushaltszucker
SIBOS: Small Intestine Bacterial Overgrowth Syndrome (Bakterien im Dünndarm)

Sorbit (E 420): Zuckeraustauschstoff (komplett zu meiden)
Symptome: Krankheitszeichen
Syndrom: Krankheitsbild
Tumoren: gut- und bösartige Geschwüre / Wucherungen (Tumor = Einzahl, Tumoren = Mehrzahl)
Zwölffingerdarm: der Beginn des Darms, direkt im Anschluss an den Magen

Fachgeschäfte

Zuerst sollte man natürlich den örtlichen Handel bevorzugen und dort einkaufen. Scheuen Sie sich nicht zu fragen, ob etwas für Sie bestellt werden kann. Sie sparen auf jeden Fall die Versandkosten und haben einen Ansprechpartner. Das gilt vor allem auch für die Naturkostläden und Reformhäuser, in denen Sie sachkundig beraten werden und die für Sie geeigneten Lebensmittel – möglichst frisch aus der Region – bekommen. Wenn sie nicht vorrätig sind, werden sie sicherlich für Sie bestellt.

Internetadressen (Auswahl)

Viele dieser Internetfirmen haben einen „Filter“, den man so einstellen kann, dass man nur die für sich erlaubten Lebensmittel angeboten bekommt.

Lebensmittel und Dinkelsirup:
www.fintosan.de
www.foodoase.de
www.laktosefrei.de
www.frusano.com
www.schafschoki.de
www.welleat.de
www.un-vertraeglich.de
www.unvertraeglichkeitsladen.de
www.zukono.de
www.3pauly.de

Diese Firma bietet Vitaminpräparate und gibt auf Ihrer Internetseite die Bezugsquellen an.
www.biolabor.de

Hilfreiche Informationen:
http://www.zusatzstoffe-online.de
http://www.fructoseintoleranz.de

Danke

Bedanken möchte ich mich an dieser Stelle bei meinem Mann Timur, der so manchen Samstag und Mittwoch geduldig dafür sorgte, dass es mir beim Schreiben gut ging. Ohne seine Fürsprache und Unterstützung, gäbe es meine Bücher nicht. Ich danke ihm, Beate und Margitta für das erste Aufspüren der Fehler, die der Teufel in den Text geschmuggelt hat.
Schließlich geht mein Dank an den Hädecke Verlag, der mit viel Sachverstand das Lektorat und die Schlussredaktion vorgenommen hat.

In derselben Reihe erschienen:

Leben ohne Gluten
von Nora Kircher

Praktischer Rategeber mit
über 150 Rezepten
186 Seiten, ISBN 978-3-7750-0709-2

Milchallergie und Laktoseintoleranz
von Nora Kircher

Praktischer Ratgeber mit
über 150 Rezepten
175 Seiten, ISBN 978-3-7750-0710-8

Milchfrei leben
Glutenfrei leben
Von Nora Kircher

Ratgeber bei Laktoseintoleranz und
Zöliakie – mit über 150 Rezepten
128 Seiten, ISBN 978-3-7750-0711-5

Glutenfrei und
laktosefrei backen
von Nora Kircher

Über 100 erprobte Rezepte und viele
Tipps für Brote, Kuchen und Plätzchen
117 Seiten, ISBN 978-3-7750-0716-0